ポカミス「ゼロ」徹底対策ガイド

モラルアップとAIですぐできる、すぐ変わる

中崎 勝 著

日刊工業新聞社

はじめに

　年に数回、ポカミスに関するセミナーを実施しています。ポカミスに関する本を書こうと思ったのは、そのセミナーに参加する人数が多かったこと、参加者が、中小企業から大企業に至る幅広い範囲であったことが理由です。これは、改善が進んだ日本でも、いまだポカミスに悩む人が多いということを意味すると思ったからです。

　ポカミスに取り組んだのは10年前です。著者がコンサルタントになったのは28年前。初めは設備改善の手法を教えました。著者自身、生産技術の出身ということもあり、設備が生産現場では一番大切だと思っていました。しかし、コンサルタントとしてデビューしたのが半導体工場であり、そのとき、異物の被害の深刻さを知り、モノづくり現場でやっかいなのは異物だと考えが変わりました。そこで、初めの20年は、設備トラブルをゼロにする原則整備へのアプローチと異物不良をゼロにする異物ゼロへのアプローチをつくり、実際に設備トラブルゼロと異物不良ゼロを実現しました。そして、最後に取り組んだのがポカミスでした。

　それまで、ポカミスは簡単になくせると思っていました。しかし、実際に取り組んでみると、その難しさを痛感しました。今までやってきた設備トラブルと異物不良は、論理的に進めることでゼロにできます。しかし、ポカミスは理詰めだけではゼロにならず、そこに**人とは何か**という理屈だけでは割り切れないテーマを加えないとダメだということがわかりました。

　これまでのポカミス対策の基本的手法は、IE（Industrial Engineering）と2Sでした。しかし、この2つの手法だけでは、ポカミスはゼロになりません。人は感情や性（さが）を持っています。ポカミスは人が起こすものですから、そこにもメスを入れないとゼロにならないのです。

　実際にやってみて感じたのが、ポカミスに対するモラルの重要性です。そこで、モラルアップへのアプローチをつくりました。このツールの誕生によりポカミスゼロが見えてきました。

しかし、ここで再び壁に直面しました。従来の手法＋モラルアップでも、どうしてもなくせないポカミスがあったのです。それが、検査ミスや入力ミス、判断ミスでした。
　検査ミスに関しては、25年間取り組んできました。しかし、どうしてもゼロにならず、なかばあきらめていました。そこに光明を見いだしたのがAIの登場です。
　そもそも、従来の手法は人の肉体労働を改善対象にしていました。モラルアップは、そこに人の気持ち（メンタル面）を加える手法です。その2つの手法に抜けていたのが、頭脳労働でした。3つのミスは、人の頭脳労働から発生するミスです。そのため、従来の手法＋モラルアップではゼロにならなかったのです。それをAIで解決しました。
　以上の経緯から本書の内容は、ポカミスゼロ編、モラルアップ編、AI編の大きく3つに分かれます。

　第1章から第4章まではポカミスゼロ編です。ポカミスの要因を定義し、「知らなかった」「ルールを守らなかった」「うっかり」という3つのモードの、ポカミスの発生メカニズムとその対策を紹介します。
　これらの章の特長は、ポカミスの要因を26に限定したこと、徹底的に作業者の立場に立ちポカミス対策を検討したことです。要因を限定したことにより対策が明確になり、スピーディーに効果を出すことが可能になりました。徹底的に作業者の立場に立ち対策をすることで、作業者思いの対策をつくることができました。2つの特長により、ポカミスをゼロにします。
　次に、第5章と第6章は、モラルアップ編です。
　第5章では、モラルを定義し、モラルを上げる方法や現場での具体的な進め方を紹介します。
　モラルアップへのアプローチは、3つの学習プロセスを経て完成しました。初めは、アメリカの人材管理（メンタルケア）を学びました。メイヨーの人間関係論、マズローの5つの欲求、マグレガーのXYZ理論、バーナードの組織論です。そこに心理学、経営学、脳科学を加えて手法を磨きました。経営学で

は、松下幸之助翁や稲盛和夫京セラ創業者の人の育て方を学びました。脳科学は、なぜ人がそういう行動を取るのかということを、脳の構造から理解できました。そして、最後に日本人のメンタルに合わせるために、歴史上の人物の人材マネジメントを学び、仕上げとしました。

第6章は、尊敬される上司になるというテーマにしました。モラルアップへのアプローチだけでは、作業者のモラルは上がらず、その前提として尊敬される上司が必要だとわかったからです。では、尊敬される上司はどのような上司かと考えると、悩んでしまいます。そこで、現場の作業者にアンケート調査とインタビューをし、尊敬される上司の8原則をつくりました。

第7章では、ポカミスに対するAIの活用を紹介します。AIはこの本を書いている段階でも最先端の技術であり、これからどんどん発展していく技術です。それを取り入れ、3つのミスをゼロにします。

第8章は、第1章から第7章のまとめとして、具体的なポカミス対策を紹介します。ポカミスの対策は20あります。この章では、26の要因と20の対策からポカミスをゼロにするアプローチを紹介します。

ポカミスをゼロにしていく過程でわかったことは、要因がわかれば原因追究のツールはいらないということです。

著者が受け持つセミナーの1つに、「なぜなぜ分析はもういらない」と題するものがあります。これもいつも満員で、参加者の関心の高さを感じます。しかし、その関心は、「なぜなぜ分析をどうやればうまくいくのか」「上司からやれと言われるがやめたい」「どう上司を説得したらいいか」というネガティブなものでした。毎回このような意見を聞くと、かわいそうにさえなります。

著者は、なぜなぜ分析はいらないと思います。その理由とそれに代わる手法を第9章で紹介します。

ポカミスに取り組んで10年。やっと、みなさんに紹介できる手法が出来上がりました。人はミスするものだから仕方がない、という言い訳をしたくないがために新たな手法の開発をし、従来の手法に6つの手法を加えることにより

ゼロが見えました。本書は、ポカミスをゼロにするという執念の賜物です。
　読者のみなさんが今まで永遠のテーマだと思っていたポカミスを、本書で紹介する考え方や進め方でゼロにすることを祈念します。

2018年3月

　　　　　　　　　　　　　　　　　　　　　　　　　　　　　　　著　者

ポカミス「ゼロ」徹底対策ガイド
モラルアップとAIですぐできる、すぐ変わる

目　次

はじめに ……………………………………………………………………… 1

第1章　ポカミスとは

1. ポカミスとは ………………………………………………………12
2. ポカミスをなくすには ……………………………………………14
3. 原因を見つけるために要因を定義する …………………………16
4. 決まりきった対策では効果は出ない ……………………………18
5. チェックはやめる、ポカヨケは要検討 …………………………20

コラム ポカミスの要因を見つける ………………………………22

第2章　知らなかった対策

1. 知らなかったことに対する対策 …………………………………24
2. ポカミスに対するルールを決める ………………………………26
3. ロス、損害の大きさをコストで実感する ………………………28
4. NG/OKシートの作成 ………………………………………………30
5. 実際につくってみる ………………………………………………32
6. NG/OKシートはこう書きます ……………………………………34

コラム 潜在ポカミスの顕在化で改善の方向性が見える ………36

第3章　ルールを守らせるには

1. 作業者は、なぜルールを守らないのか……38
2. 標準がないこと自体、問題……40
3. ない標準をつくる……42
4. 標準の実態……44
5. 標準の不備……46
6. 時代が変われば教育・訓練も変わる……48
7. 実践、新教育・訓練　パート－１：新人編……50
8. 使えるビデオ標準のつくり方……52
9. 計画的人材育成……54
10. モラルのポカミスへの影響……56
11. チームエラー……58

コラム 実践、新教育・訓練　パート－２：ベテラン編……60

第4章　うっかり対策

1. うっかり……62
2. 作業開始時のうっかり……64
3. 作業前点検の重要性……66
4. 作業中のうっかり……68
5. 長時間労働の対策は休憩しかない……70
6. 寝不足、体調不良にはどう対応するか……72
7. 個人ごとの都合管理……74
8. 作業環境の改善……76
9. 雑然とした職場には整理・整頓……78
10. 整理・整頓の進め方……80

11. やりにくい作業の改善 ……………………………………………………82
12. 生産に追われるとミスをする …………………………………………84
コラム 作業者思いの改善 ……………………………………………………86

第5章　モラルアップへのアプローチ

1. モラルアップへのアプローチをつくろうと思ったきっかけ ……………88
2. モラルとは………………………………………………………………90
3. モラル低下の原因 ………………………………………………………92
4. モラルを上げるには ……………………………………………………94
5. モラルアップへのアプローチ …………………………………………96
6. やる意味を教える………………………………………………………98
7. 適切な目標を与える ……………………………………………………100
8. 成功させる………………………………………………………………102
9. ほめる……………………………………………………………………104
10. 叱らない…………………………………………………………………106
11. ワークショップでマンネリ化対策 ……………………………………108
12. 毅然と接する……………………………………………………………110
コラム 金銭的報酬 ……………………………………………………………112

第6章　尊敬される上司になる

1. モラルが上がらない ……………………………………………………114
2. 現場経験とリーダーシップ ……………………………………………116
3. わかりやすく、安心でき、頼りになる上司 …………………………118
4. みんなから愛される上司 ………………………………………………120

5. 頭がいい上司は尊敬される ……………………………………… 122
6. 部下との接し方 …………………………………………………… 124
7. 礼節をわきまえている …………………………………………… 126
8. 現場では信頼関係が大切 ………………………………………… 128
9. 嫌われることはしない …………………………………………… 130

コラム 人は環境の生き物 …………………………………………… 132

第7章　AIを駆使したポカミス対策

1. どうしてもゼロにできないミス ………………………………… 134
2. AIでゼロにする …………………………………………………… 136
3. AIによる自動外観検査 …………………………………………… 138
4. 音声認識によるデータの自動入力 ……………………………… 140
5. AIアドバイザーで判断ミスをなくす …………………………… 142

コラム AIの可能性と役割 …………………………………………… 144

第8章　ポカミスゼロへのアプローチ

1. 基本的な進め方 …………………………………………………… 146
2. 総合対策 …………………………………………………………… 148
3. 個別対策 …………………………………………………………… 150
4. うっかりだったら ………………………………………………… 152
5. チェックシートによる共通認識 ………………………………… 154
6. 実践ポカミスゼロへのアプローチ ……………………………… 156

コラム ポカミスはゼロにできる …………………………………… 158

第9章 なぜなぜ分析はもういらない

1. なぜなぜ分析はもういらない ……………………………………… 160
2. うまくいった人がいない ……………………………………………… 162
3. 脳とコンピュータの原理・原則から考えてみました ……………… 164
4. なぜなぜ分析 VS ポカミスゼロへのアプローチ ………………… 166
5. モノづくり現場に必要な論理的思考 ……………………………… 168
   コラム 手法を身にまとう …………………………………………… 170

索　引 …………………………………………………………………… 171
参考文献 ………………………………………………………………… 174
添付シート ……………………………………………………………… 175

ポカミスとは

1 ポカミスとは

ポカミスとは、人のミスにより
　製品を不良にしてしまう　　　（作業）
　クレームを出してしまう　　　（検査）
　ロスを出してしまう　　　　　（業務）行為です。

　工場に人がいる限り、あらゆる工程でさまざまな現象としてポカミスが発生します。主な現象は20あります。

　①伝票、作業指示書の見間違い　　　　（受入）
　②部材の選択間違い、数量違い　　　　（ピッキング）
　③異物、異材、異機種の混入
　④設備のオペミス　　　　　　　　　　（設備の操作/段取り）
　⑤治工具・刃具のセットミス
　⑥調整ミス
　⑦判断ミス
　⑧測定器の読み違い、計算・換算違い
　⑨作業の飛ばし　　　　　　　　　　　（手作業）
　⑩部品の組み忘れ、組み間違い
　⑪ねじの締め忘れ、トルク不足
　⑫見逃し、過剰検出　　　　　　　　　（検査）
　⑬捺印忘れ、間違い　　　　　　　　　（梱包）
　⑭付属品の選び間違い、入れ忘れ
　⑮異機種梱包
　⑯出荷先間違い
　⑰落下　　　　　　　　　　　　　　　（全体）
　⑱キズ
　⑲記入漏れ、記入ミス　　　　　　　　（業務）
　⑳未入力、入力ミス、まとめ入力

人がいる限りポカミスは発生する

人のミスにより、

製品を不良にしてしまう　（作業）
クレームを出してしまう　（検査）
ロスを出してしまう　（業務）　行為

工場に人がいる限り、あらゆる工程でさまざまなポカミス現象が発生

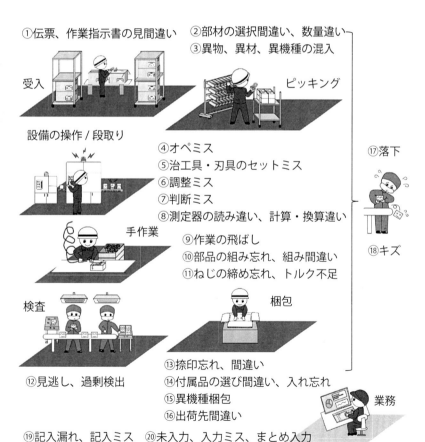

① 伝票、作業指示書の見間違い
② 部材の選択間違い、数量違い
③ 異物、異材、異機種の混入

受入
ピッキング

設備の操作／段取り
④ オペミス
⑤ 治工具・刃具のセットミス
⑥ 調整ミス
⑦ 判断ミス
⑧ 測定器の読み違い、計算・換算違い

手作業
⑨ 作業の飛ばし
⑩ 部品の組み忘れ、組み間違い
⑪ ねじの締め忘れ、トルク不足

⑰ 落下
⑱ キズ

検査
梱包

⑬ 捺印忘れ、間違い
⑫ 見逃し、過剰検出
⑭ 付属品の選び間違い、入れ忘れ
⑮ 異機種梱包
⑯ 出荷先間違い

業務

⑲ 記入漏れ、記入ミス　⑳ 未入力、入力ミス、まとめ入力

2 ポカミスをなくすには

ポカミスがなくならない理由は3つあります。

原因がわからない

ポカミスがなくならない第1の理由は、原因がわからないことです。原因がわからないと、対策が取れません。対策が取れないと、ポカミスはなくなりません。

それを何かしなくてはと、注意、再教育・訓練、チェックシート、ダブルチェック、ポカヨケなど決まりきった対策を打ちます。しかし、これらの対策は効きません。

そして、最後は、「人はミスする。だから仕方ない」という決めぜりふであきらめます。

潜在化

ポカミスを故意に出す作業者はいません。しかし、出すとまずいと思い、正直に言わず、そのまま流したり、修理したりします。こうしてポカミスは潜在化します。

モラル低下

モラルが低下し、作業者が標準を守らないとポカミスが発生します。

ポカミス対策を打っても、そのルールを作業者が守らなければ、ポカミスは再発します。

ポカミスをなくすためには、
1. 原因を見つけ、対策を打つ
2. 顕在化する
3. 作業者のモラルを上げる

の3つの課題をクリアしなくてはなりません。

原因を見つけるのは当たり前ですが、当たり前のことができなければ何も始まりません。

まずは、原因を見つけます。

第1章 ポカミスとは

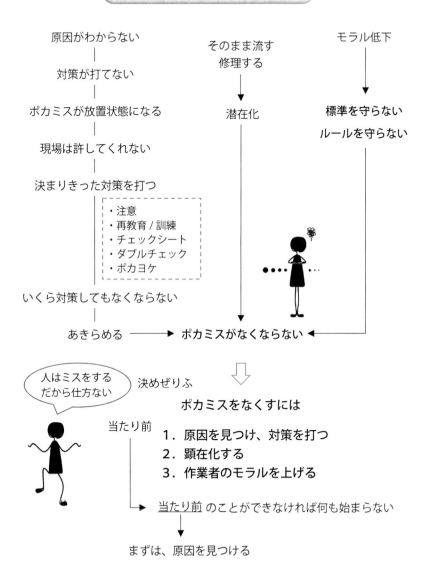

3 原因を見つけるために要因を定義する

　ポカミスの要因は26あります。要因とは、ポカミスを出す可能性のある現象、状態です。要因を現場で見つけたとき、原因と呼びます。つまり、原因を見つけるには、要因を定義する必要があります。

　これら26の要因は、知らなかった、ルールを守らない、うっかり、限界作業の4つのモードに分類されます。対策は、この4つのモードごとに進めていきます。

知らなかった

　ポカミスは潜在化します。それをポカミスに対するルールを決め、ロスコストでとらえ、顕在化します。初期**ポカミスの80%は知らなかったが原因**です。次にその80%のポカミスをNG/OKシートでなくします。

ルールを守らない

　標準がない、標準の不備、教育・訓練のしくみの欠陥、任せ切りの現場により作業者は自己流で作業をし始め、ルールを守らなくなります。対策は、標準を作り、整備し、新たな教育・訓練のしくみをつくります。その後、現場が任せ切りの状態であれば、ローテーションを行います。作業者のモラル低下が顕著な場合には、モラルマネジメントを行います。

うっかり

　うっかりは人の性（さが）により発生するポカミスです。発生のタイミングによって、作業開始直後と作業中の2つに分けられます。作業開始直後のうっかりに対しては、声かけ禁止、手待ちの解消、始業前点検を対策とします。作業中のうっかりに対しては、疲れにくく過度のストレスがかからないように作業改善、環境改善、管理体制整備を行います。

限界作業

　検査ミス、入力ミス、判断ミスは、どうしてもなくならないミスです。これを限界作業と呼びます。これら3つのミスは、AIを使いゼロにしていきます。

第1章 ポカミスとは

ポカミスの要因は26ある

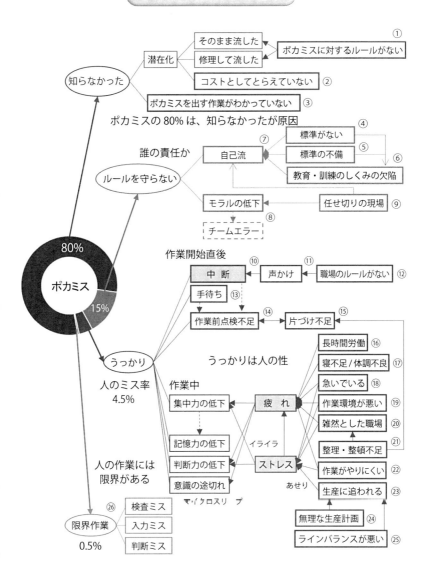

4 決まりきった対策では効果は出ない

　26の要因を知ると、従来の決まりきった対策では効果が出ないことがわかります。

注意
　・ポカミスを故意に出す作業者はいません。
　・初期ポカミスの80％は、知らなかったが原因です。
　・ポカミスは、出した本人にすらその理由はわかりません。

にも関わらず、作業者に
「気を付けろ」
と言っても、何をどう気を付けたらいいかわかりません。
　そして、それが繰り返されると作業者のモラルは下がります。
　注意するのではなく、作業者が知らなかったという前提で、対策を一緒に考えること自体がポカミス対策となります。

再教育・訓練
　教育・訓練自体は間違った対策ではありません。しかし、再教育・訓練するということは、標準が正しかったことが前提になっています。しかし、作業者は標準に不備があると、守らなくなります。ですから、教育・訓練する前に標準に不備があれば整備しなくてはなりません。
　標準を整えても、教育・訓練が従来の紙とつきっきりだと、その欠陥により再教育・訓練してもまた守らなくなってしまいます。
　そこで、ポカミスを発生させた作業を改善し、それを標準に盛り込み、ビデオ標準にしてから教育・訓練に臨みます。
　ビデオ標準による教育・訓練は、短時間で標準作業を身に着けさせ、ポカミスを予防するしくみです。と同時に、多能工化、技能伝承に役に立ちます。

一手間かけると対策になる

注意せず、一緒に考える
- ポカミスを故意に出す作業者はいない
- ポカミスの80％は、知らなかったが原因
- 出した本人にすらその理由がわからない

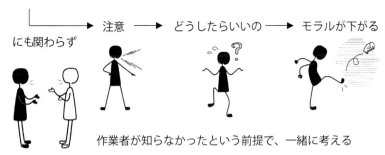

作業者が知らなかったという前提で、一緒に考える

再教育・訓練の前に標準整備

前提：標準が正しい ──→ 標準に不備があると、作業者は守らない

再教育・訓練する前に…

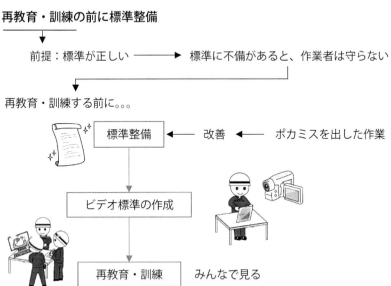

5 チェックはやめる、ポカヨケは要検討

チェックシート

　人は、自分のやっていることは正しいことだと思っています（正当性バイアス）。そして、慣れてくると、必要ないと思った作業に対し手抜きします。これらが人の性です。作業者は自分がやっていることを当然正しいと思っています。それをチェックしろと言われ、何度チェックしても間違いがないという結果が出ると、チェックシートの記入に対し手抜きをします。

　チェックシートがポカミスに対して効果がないのは、作業者の性に逆らった対策だからです。ですから、チェックシートはやめます。しかし、どうしてもチェックシートへの記入が必要ということであれば、音声認識による自動入力を検討します。

ダブルチェック

　ある人が間違える作業は、他の人も間違えます。また長い間ペアを組みチェックをしていると、パートナーがOKと言ったら、自分もOKと思うシンクロ現象が起きます。ですから、ダブルチェックでポカミスを長期間ゼロにするのは無理です。またダブルチェックには、コストもかかります。つまり、ダブルチェックは、ポカミスをゼロにできないばかりか、ロスにもなってしまうということです。ですから、人によるダブルチェックは廃止します。しかし、もしどうしてもダブルチェックしないと心配ということなら、AIによるダブルチェックの導入を検討します。

ポカヨケ

　ポカヨケは、たいへん有効な対策です。しかし、多品種少量生産、一品モノ生産、受注生産への対応ではその効果に疑問が残ります。アイデア出し、コスト、導入までの時間においても課題があります。

　ポカヨケは、ポカミスへの対策として汎用性、アイデア出しの難度、コスト、スピードの面で検討が必要な対策です。

安易な対策はロス、難し過ぎる対策も問題

チェックシートは人の性に逆らった対策

人は、自分のやっていることは正しいことだと思っている：正当性バイアス
慣れてくると、必要でないと判断した作業に対して手抜きをする

チェックシートの入力に対し手抜きをする

廃止　→　音声入力による自動入力

ダブルチェックはロス

・ある人が間違える作業は、他の人も間違える
・長い間ペアを組んでいるとシンクロ現象が起きる

ダブルチェックではポカミスをゼロにできない
＋
コストがかかる

AIダブルチェック　←　廃止

ポカヨケは要検討　　ポカヨケは有効な対策

しかし。。。

・多品種少量生産　　　　アイデア
・　品このノ生産　・・・・　コスト（投資）　　→　検討が必要な対策
・受注生産　　　　　　　導入までの時間

コラム

ポカミスの要因を見つける

　ポカミスがなくならない理由の第1に、原因がわからないと挙げながら、そのあとで26の要因を紹介しました。ここではどう要因を見つけたかを説明します。

　まず**100件**の事例を分析し、仮の要因を定義しました。そのときのポカミスの要因はたった6つでした（2007年）。

　その後、この6つの要因をもとに実際の現場でポカミスを解決し、解決できないときには、現場に行き、作業を観察し、点検し、作業者にインタビューし、新たな要因を加えていきました。2011年に7つ、2013年に20、2014年には28、2015年には50にもなりました。分析した事例も**7,000件**を越えました。

　しかし、要因は少なければ少ないほど良いと思い、その段階から絞り始めました。2016年に24まで絞り、2017年には絞り過ぎて解決できないポカミスが出たので31まで増やし、2018年に26に落ち着きました。この段階で、分析した事例は、10,000件を越えました。

　数字を羅列したのは、要因を見つけるためにどれほどの現場に行き、事例を分析したかを知ってもらいたかったからです。

　ですから、この**26の要因は意外と使えます**。

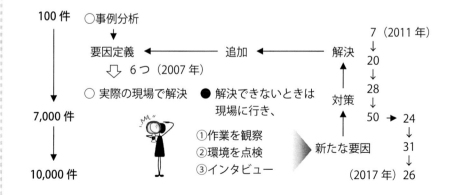

知らなかった対策

1 知らなかったことに対する対策

　知らなかったことが原因のポカミスに対しては、3つの対策を打ちます。

(1) ポカミスに対するルール決め

　人は、ミスをすると隠したくなるのが性です。その性に従ってしまうと、ミスをしてもそのまま流してしまう、修理して流してしまうという行為に及びます。しかし、この行為がポカミスを潜在化させます。

　そこで、
・ポカミスを出したら、そのまま流さない、修理しない
というルールを決め、潜在化しているポカミスを顕在化します。

　また、顕在ポカミスの対策が進み、ポカミスが減ってきたら、
・ポカミスを出しそうになったら、自己申請する
というルールを決め、ポカミスのポテンシャルを下げていきます。

(2) ロスコストの算出

　ポカミスは発生工程から後工程に流れることによりロスや損害を大きくしていきます。その連鎖をロスコストで算出し、作業者に知らせることにより、ポカミスの会社に与えている損害を実感してもらいます。

　ポカミスをコストでとらえることにより、現在推進している改善活動の方向性が正しいかも判断できます。

(3) NG/OKシートの作成

　初期ポカミスの原因の80%は、知らなかったが原因です。その知らなかったことが原因で発生したポカミスを**NG/OKシート**でなくします。

　NG/OKシートを作成し、作業者にポカミスの出る作業を知らせ、出ない作業を教えることにより、知らなかったことが原因で発生したポカミスをなくします。NG/OKシートをつくってもポカミスが再発したら、ルールを守らせる対策に移ります。

知らなかったことを知らせる

(1) ポカミスに対するルール決め

人はミスをすると隠したくなるのが性 ・ミスをしてもそのまま流してしまう
　　　　　　　　　　　　　　　　　　・ミスをしたら修理して流す
　　　　　　↓
　　　　ポカミスに対するルールを決める ← 潜在化

　　　　・そのまま流さない
　　　　　　➢ ラインを止めるか、オフライン排出する

　　　　・修理しない
　　　　　　➢ オフライン排出して、専門家に任せる

・ポカミスを出しそうになったら自己申請する

(2) ロスコストの算出

　　　　ポカミスは発生工程から後工程に行けば行くほど、
　　　　ロスや損害が蓄積する
　　　　　　↓
　　　　ロスコストを算出し、提示 ──→ ポカミスの影響を実感
　　　　　　↓
　　　　今やっている改善活動の方向性が正しいかわかる

(3) NG/OK シートの作成

　　　　初期ポカミスの80%は知らなかったが原因 ──→ NG/OK シート
　　　　　　　　　　　　　　　　　　　　　　　　　　　　　↓

　　　　　　　　　　ポカミスが出る作業を知らせ、出ない作業を教える
　　　　　　　　　　　　　　　　　　↓
　　　　　　　　　知らなかったが原因で発生したポカミスをなくす
　　　　　　　　　　　　　　　　　　↓
　　　　　　　　　　再発したら、ルールを守らせる対策に移る

2 ポカミスに対するルールを決める

　潜在ポカミスを顕在化するために、ポカミスに対する5つのルールを決めます。

ルール－1：流さない、修理しない

　ミスしたら、そのまま流さず、修理せず、ラインを止めるかオフラインに排出します。ただ、このルールはポカミスがあまりにも多いと、納期遅れを起こす原因となります。ですから、NG/OKシートでポカミスをあるレベル（1日1件程度）まで下げてから施行します。

ルール－2：現物を確認する

　排出した現物は、監督者と作業者で確認し、NG/OKシートを作成します。確認には、1日のうちである一定時間（15〜30分）を取っておきます。

ルール－3：修理は専門家に任せる

　修理は専門家に任せます。ただ、この前に修理マニュアルをつくっておく必要があります。

　修理後は、品証スタッフが品質チェックし、修理品であることを記録してから、後工程に流すか出荷します。

ルール－4：自己申請シートを出す

　ミスをする前に気が付いたら、自己申請シートを出してもらいます。自己申請シートに書かれた作業を作業者全員で確認し、NG/OKシートを作成します。

　この際、気を付けなくてはならないことは、自己申請シートで信じられないようなポカミスが出ても作業者を責めないということです。もし責めてしまったら、次回から作業者は正直に申請しなくなります。

ルール－5：標準に盛り込む

　監督者は、NG作業とOK作業をビデオ標準に盛り込みます。これにより、一度発生したポカミスに対する予防のしくみができます。

ルールでポカミスを顕在化する

ルール−1：流さない、修理しない

　　　　　ポカミスしたと思ったら、ラインを止めるかオフラインに排出

ルール−2：現物を確認する

　　　　　排出した現物を監督者と作業者で確認し、NG/OK シートを作成

ルール−3：修理は専門家に任せる

　　　　　修理は専門家に任せる。事前に修理マニュアルをつくっておく
　　　　　修理後、品証スタッフが品質チェックし、修理品であることを記録

ルール−4：自己申請シートを出す

　　　　　ミスをする前に気が付いたら、自己申請シートを出す
　　　　　自己申請シートに書かれた作業を作業者全員で確認

ルール−5：標準に盛り込む

　　　　　NG 作業と OK 作業をビデオ標準に盛り込む

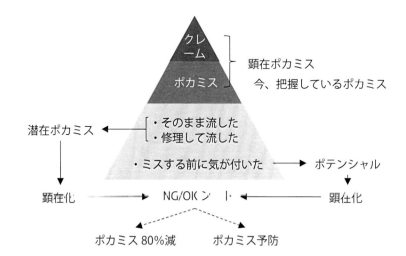

3 ロス、損害の大きさをコストで実感する

　ポカミスは発生する工程と発見する工程が遠くなればなるほど、大きなロスと損害を生みます。

　作業ミスは出す前に本人が気付けば、ほとんどロスは出ません。

　しかし、ミスをした後に気付くと、作り直す時間とつくり直せない場合廃棄というロスを生みます。

　それでも自分の作業・工程で気付けばまだましで、自分では気付かず、次の工程に流れていってしまうと、ロスが拡大していきます。

　そして、最終工程の検査まで流れ、そこで発見されるとそこまでの工程分すべてつくり直しという大きなロスになってしまいます。

　それでも検査で発見できたらまだましで、それが検査で発見できずにお客さまにまで流れていってしまうと、クレームになってしまいます。

　クレームになってしまうと、対応費用、製品のつくり直し、取り換えという大きな損害を会社に与え、最悪の場合、顧客の信頼低下にまでなってしまうこともあります。

　このように作業ミスと検査ミスが重なると、ロスが損害に変わります。これは、検査がそれだけ重要であるということを意味しています。

　ポカミスの連鎖を作業者に説明し、実際に発生しているポカミスのロス、損害を作業者に計算してもらいます。そうすることにより、自分（達）が出しているミスが会社にどのような損害を与えているかが実感できます。

　この実感は、ミスをしない、不良は絶対流さない、ポカミスのルールを守る、不良は絶対見逃さない、という気持ちを生み出します。

　ポカミスを出すのは人です。ですから、**ポカミスゼロの実現には作業者のマインドチェンジが必須**になります。

　ポカミスの連鎖を知り、ロス、損害をコストで実感すると、ポカミスに対する見方が変わり、改善意欲がわいてきます。

第2章　知らなかった対策

> マインドチェンジが必須

ポカミスは発生する工程と発見する工程が遠くなればなるほど、
大きなロスと損害を生む

⇩

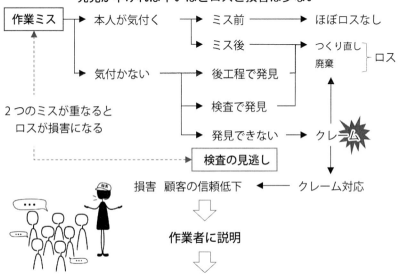

ポカミスゼロの実現には、作業者のマインドチェンジが必須

4 NG/OKシートの作成

　作業標準には、やるべきことしか書いていません。しかし、人は、やってはいけないことを教えることにより、ルールを守るようにしつけられています。作業者もやってはいけないことを知らないと、知らないうちにやってはいけないことをやってしまい、ポカミスを出してしまいます。

　作業者にポカミスを出す作業を知ってもらい、出さない作業を覚えてもらうシートがNG/OKシートです。NG/OKシートは、ポカミスが出たとき、その作業者に「この作業はやってはいけない」と言ったとき、「じゃ、どうやればいいですか」と聞かれる問答をシート化したものです。

　6つの手順で作成されます。
①発生した不良の写真・図
　発生した不良の写真を入れます。不良の記録を残し、この後発生した不良に対する原因追究を容易にすることと作業者に自覚を促すためです。
②作業の流れ
　作業の流れを記入します。作業標準と合っているかを確認します。
③NG作業
　ポカミスを出した作業をNG作業として書き込みます。
④OK作業
　NG作業を改善したポカミスを出さない作業をOK作業とし、作業手順として書き込みます。
⑤良品の写真・図
　良品の写真・図を入れ、良品か不良品かを判別する基準を書き込みます。
⑥将来的には
　設計変更が生じる様な改善案が出て、それが有効なとき、記録します。

　NG/OKシートは、朝礼で紹介し、現場の掲示板に貼り、ビデオ標準に盛り込みます。

　人は「やってはいけない」と言われたことはやりません。

第 2 章　知らなかった対策

> 人は、「やってはいけない」と言われたことはやらない

作業標準には、
やるべきことしか書いていない
やってはいけないことは書いていない

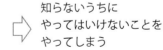

知らないうちに
やってはいけないことを
やってしまう

ポカミスを出す作業を知ってもらう／出さない作業を覚えてもらう

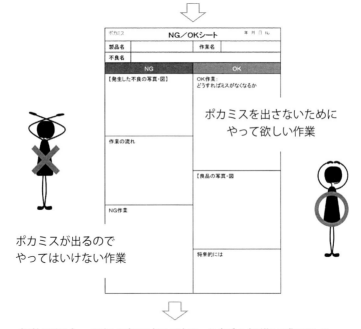

ポカミスが出るので
やってはいけない作業

ポカミスを出さないために
やって欲しい作業

朝礼で紹介、現場の掲示板に貼る／ビデオ標準に盛り込む

ポカミスの 80％がなくなる!!

人は「やってはいけない」と言われたことはやらない

5 実際につくってみる

　NG/OKシートは、実際につくってみると意外と難しいと言われます。その理由は、OK作業の書き方にあります。OK作業は、この作業をしてはいけない、作業後に目視で確認する、という作業ではありません。NG作業を改善し、ポカミスを出さない作業がOK作業です。

　実際につくってみましょう。

　組立工程でコネクタ外れというポカミスが発生しました。作業は、コネクタを装着し、その後で外れ防止ストッパを押す、というものです。この作業は、限られた空間にて10秒で行います。

①発生した不良の写真・図の欄には、コネクタが外れている状況を図で書き、解説を加えます。図で書くことにより、よく観るという習慣を身に着けます。時間的制約がある場合には、写真を貼ります。

②作業の流れを書きます。

③NG作業を記入しますが、このとき、書き方を間違えます。

　ほとんどの人が、NG作業に

　・コネクタ外れを確認していなかった

　と書きます。しかしこれは不正解です。作業標準に、確認するという作業がなければ、確認しなかったはやってはいけない作業になりません。

④NG作業が、確認しなかった、ですから、OK作業は当然、

　・コネクタ外れを確認する

　となってしまいます。

　作業者は自分では正しい作業をしていると思っています。それを目視で確認しても、目では外れているのを見ていても脳ではそれを認識できない、という現象を起こします。また何度も確認し、それがすべて外れていないという結果であると、確認自体をやめてしまいます。

　つまり、人の特性から**目視確認はポカミスの対策（OK作業）にはならない**のです。

第2章　知らなかった対策

> つくってみると意外と難しい

NG/OK シートは、
実際につくってみると意外と難しい
↓

実例

OK 作業の書き方　・OK 作業は改善後の作業
　　　　　　　　　・ポカミスを出さない作業

組立工程：コネクタ外れ

作業：コネクタを装着
　　　↓
　　外れ防止ストッパを押す

標準時間 10 秒

⇩

ポカミス	NG/OK シート		年 月 日 No.
製品名		作業名 組立	不良名 コネクタ外れ
	NG		**OK**
①	【発生した不良の写真・図】 　　　　　コネクタが外れていた		【OK 作業】 どうすればミスがなくなるか コネクタ外れを確認する	④
②	【作業の流れ】 　　コネクタを装着 　　　　↓ 　　外れ防止のストッパを押す		【良品の写真・図】	
③	【NG 作業】 　コネクタ外れを確認しなかった		【将来的には】	

人の特性から　⇩

目視確認はポカミス対策（OK 作業）にならない

6 NG/OKシートはこう書きます

　実際のコンサルティングで作成したNG/OKシートを説明します。
①NG作業には、コネクタ外れを起こした可能性のある4つのミスを書きます。
　・コネクタの未装着
　・装着不十分
　・ストッパ押し忘れ
　・押し不十分
②OK作業は、
　手順−1：黄色いコネクタを装着する
　　　　　2：オレンジの外れ止めストッパを押す
　　　　　3：表面が平らになっているか指でなぞり、確認する
　　　　　4：ケーブルを軽く引張る（注意：強すぎないように）
　　　　　5：「装着よし！」とタッチ&コールをする
です。
　5のタッチ&コールは習慣がなければやらなくても構いません。3と4の手順を加えることでこのポカミスはなくなります。目視による確認は無効ですが、経験上の触手による確認は有効です。
　OK作業には、他に治工具を使うという案もよく出ます。しかし、治工具を使うと落とす、キズを付けるというリスクが生じます。
　センサを使うという案も出ます。しかし、限られた空間で10秒という作業時間を考えると、どこにどう設置するのか、対投資効果でペイするかという課題が生じ、通常、センサ導入案は採用されません。
③将来的には、装着時にカチっと音がする部品に変更します。
　部品の設計変更には、長い時間がかかり、大きなコストが発生します。場合によっては、顧客の承認が必要になります。ですからこの案は、次の商品設計への提案にとどめます。

第2章　知らなかった対策

実際のNG/OKシート

正解は

ポカミス				NG/OK シート		年 月 日 No.
製品名		作業名	組立	不良名	コネクタ外れ	
NG				**OK**		
【発生した不良の写真・図】　コネクタが外れていた				OK作業：どうすればミスがなくなるか 1. 黄色いコネクタを装着 2. オレンジの外れ止めストッパを押す 3. 表面を指でなぞる 4. 黄色いケーブルを引張る 5. 「装着よし！」とT&Cをする		②
【作業の流れ】 コネクタを装着 ↓ 外れ防止のストッパを押す				【良品の写真・図】　装着よし！		
【NG作業】 未装着　　押し忘れ 装着不十分　押し不十分 ↓ コネクタ外れ				【将来的には】 装着時にカチッと音がするように設計変更を依頼する ➤ 部品の仕様変更		③

①

対策（OK作業）は、他にもいろいろ考えられる

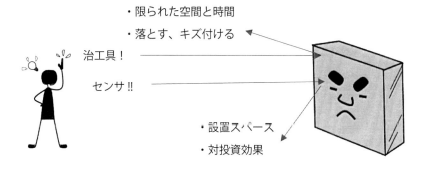

・限られた空間と時間
・落とす、キズ付ける
治工具！
センサ!!
・設置スペース
・対投資効果

> コラム

潜在ポカミスの顕在化で
改善の方向性が見える

　ある工場で原価低減のための改善活動を進めていました。

　その工場では設備中心のモノづくりであったため、設備の保全活動を進めていました。理屈では、設備主体の工場で保全をすれば不良が減り、原価低減できるはずです。しかし、設備のトラブルが減っても、不良が減りません。当然、原価も低減できません。

　そこで、『設備中心の工場＝設備保全』という**固定観念**を捨て、不良分析をしてみたところ、発生している不良の約半分がポカミスということがわかりました。

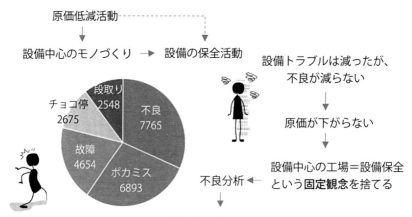

　設備主体の工場はほとんど設備保全活動をしていますが、それが固定観念であったという事例を最近よく見ます。何年活動しても効果が出ないとき、ポカミスを疑ってください。

　ポカミスは人がいる限り、根本対策を打たないと発生し続け、原価を圧迫し続けます。

ルールを守らせるには

1 作業者は、なぜルールを守らないのか

作業者がルールを守らない理由は、6つあります。
・標準がない
・標準の不備
・教育・訓練のしくみの欠陥
・自己流
・モラルの低下
・任せ切りの現場

ルールを守らないというと作業者が悪いと思いがちですが、それは違います。

誰の責任か

作業標準は、設計、生産技術、工程設計などのスタッフがつくります。ですから標準がないのは、スタッフの責任です。

標準は、スタッフ、管理・監督者が整備すべきものです。ですから、標準の不備は、管理・監督者、スタッフの責任です。

教育・訓練は、通常、監督者か教育・訓練担当者が行います。しかし、最近の監督者は1日走りまわり、教育・訓練担当者も仕事を抱えており、つきっきりで教えている時間がないのが現実です。教育・訓練のしくみは、時代の流れに合うように、管理・監督者が変え続けていくべきです。

標準がない、標準の不備、教育・訓練のしくみに欠陥があると、作業者は自己流で作業をするようになります。ですから自己流は、管理・監督者、スタッフの責任になります。

現場を作業者に任せ切りにし過ぎると、モラルが低下し、標準を守らなくなります。その原因は、もともと監督者が現場を作業者に任せ切りにしたことにあります。ですから、これは監督者の責任です。

以上のように**作業者がルールを守らない責任は、すべて現場の管理・監督者、スタッフにあります。**

第3章　ルールを守らせるには

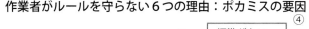
すべて管理・監督者、スタッフの責任

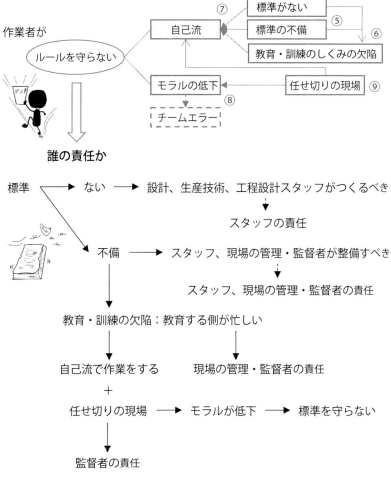

作業者がルールを守らない責任は、管理・監督者、スタッフにある

2 標準がないこと自体、問題

標準の遵守度とポカミスの発生件数の相関を取ってみました。
すると、
作業者が標準を守るとポカミスが減る
ということがわかりました。
このことにより、**標準がないこと自体**がポカミスの原因であるということがわかります。
日本のモノづくり現場でも、いまだ標準がないという現場があります。その理由は、受注生産、一品モノ生産、多品種少量生産という生産形態にあるようです。
標準がないと作業者は自分の判断で作業をすることになり、その判断ミスがポカミスを発生させます。
標準がないのですから、どの作業で、なぜポカミスが出たのかもわからず、対策も打てず、ポカミスは放置され慢性化します。
また守るべきルール（標準）がないのですから、NG/OKシートもつくれません。
つまり、標準がないとポカミスの原因追究ができず、対策もできないことになります。
ですから、まず作業者が守るべき現場のルールである標準をつくります。
そういうと、受注生産、一品モノ生産、多品種少量生産という生産形態を取っている現場では、
「すごい数になるよ」
「そんなにつくれないよ」
と言います。
しかし、実際につくってみると、そんなに多くつくる必要はありません。人間には学習効果という特性があり、それを活用することにより限られた数の標準で目的を達成することができます。

第3章　ルールを守らせるには

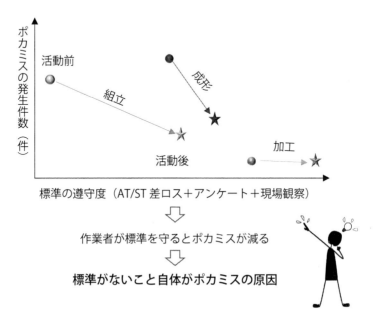

⇩
作業者が標準を守るとポカミスが減る
⇩
標準がないこと自体がポカミスの原因

日本のモノづくり現場で標準のないところがある

ない理由：受注生産、一品モノ生産、多品種少量生産

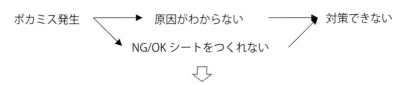

⇩
作業者が守るべきルールである標準をつくる
学習効果
↓
限られた数で目的を達成できる

3 ない標準をつくる

ない標準を2ステップでつくります。

1ステップ：ビデオ標準をつくり、実作業をさせる

まず、最も多く生産するメインの機種で基本的な作業を含む作業を選び、基本作業（モデル作業）とします。

モデル作業を、最もミスが少なく早くできる作業者を、標準作業者として選びます。

標準作業者の作業をビデオに撮り、ビデオ標準をつくります。ビデオ標準は、全体ビデオ、個別ビデオ、訓練ビデオの3つで構成します。

そのビデオ標準を作業者に見せ、わからない作業について質問を受け、基本作業を覚えてもらいます。

作業者はビデオを数回見ただけで基本作業を覚え、応用作業も自分の判断でできるようになります。これを学習効果と呼びます。この学習効果により、少ない標準で目的を達成できます。

しかし、この学習効果には副作用があります。思い込みです。

2ステップ：思い込み対策

思い込みに対しては、3つのルールで対策します。

ルール−1：ビデオ標準にない作業があり、自分で判断ができない時には作業を一旦止め、監督者に指示を仰ぐ。

ルール−2：ポカミスを出した時、作業を一旦やめ、自己申請する。その後、監督者や仲間の作業者と話し合い、NG/OKシートを作成する。

ルール−3：監督者は、ルール−1で指示した内容、ルール−2でつくったNG/OK作業をビデオ標準に反映する。

3つのルールにより副作用によるポカミスを防止しつつ、ビデオ標準を完成させていきます。

第3章 ルールを守らせるには

学習効果を活用する

1ステップ

基本作業を決める — メイン機種、最も多く生産する機種、基本的な作業

標準作業者を選定 — ポカミスが少なく最も作業を早くできる作業者

ビデオを撮る
- 全体ビデオ：全体的な流れを覚える
- 個別ビデオ：一つ一つの作業のやり方を覚える

ビデオ標準
- 訓練ビデオ：スキルが必要な作業を訓練する

作業者に見せる
- わからない作業について質問を受ける
- 基本作業を覚えてもらう
- 作業とスキルを習得させる

実作業 学習効果

作業者は基本作業を覚えると、応用作業を自分で判断できる
➢ 標準はある程度の数、つくればいい

2ステップ 学習効果の副作用：思い込み

思い込み対策

ルール−1：ビデオ標準になく、自分で判断できない作業
　　作業を一旦停止 → 監督者に指示を仰ぐ

ルール−2：ポカミス発生
　　作業を一旦停止 → NG/OKシートを作成

ルール−3：ビデオ標準に入れ込む

ビデオ標準の完成

4 標準の実態

標準があってもそれが守られているとは限りません。
標準の遵守度調査（102工場）を行いました。
すると、
・標準を遵守している：5%
・標準が守られていない：88%
・標準がない：7%
という結果でした。

つまり、大部分の工場で標準が守られていないというのが実態でした。そこで、何で標準を守らないかを作業者に聞いてみました。
その答えは、
・標準が実作業に即していない
・作業がやりにくい
・守ると作業時間が長くなってしまう
・守る意味がわからない、守る意味を説明されたこともない
・守らなくても不良にはならない
・守らなくても何も言われない
というものでした。

作業者が標準を守らない理由は、標準の不備にありました。

従来の標準は、現場の実作業をあまり知らないエンジニアがつくります。そして、ある程度の歩留まりと生産性が確保されたら、それをそのまま現場に移管します。しかし、その標準は現場から見ると実作業に即していない場合が多く、その場合、作業者は自分の判断で作業を工夫していきます。そして、その作業で問題がないと判断すると、その作業を続けます。それが結果として、標準を守っていないということになります。

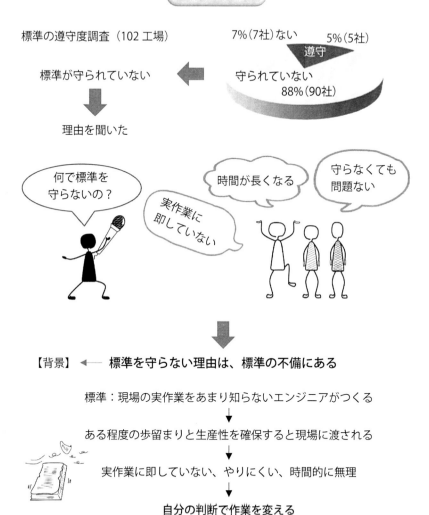

5 標準の不備

標準の不備は7つあります。
- 守る意味が書いていない
- 規格があいまい
- 表現がわかりにくい
- 不要な作業が入っている
- 必要な作業が入っていない
- ポカミスを出しやすい作業が明確になっていない
- やりにくい作業が改善されないままで入っている

これらの不備があると、作業者は標準を守らなくなり、その結果、ポカミスが出ます。

7つの不備を整備することを標準整備と言います。

標準整備は、7つのステップで進めます。

1. 作業時間/品質評価マトリックスを使い、作業が一番早くポカミスの少ない作業者を標準作業者として選出します。
2. 標準作業者の作業をビデオで撮り、仮作業手順書をつくります。
3. 仮作業手順書を監督者、スタッフ、標準作業者で見て、7つの不備を整備します。
4. 再度、ビデオを撮り、ビデオ標準とします。
5. ビデオ標準を作業者全員に見せ、疑問を解消し、ビデオ標準どおりに作業することを総意で決めます。
6. 実際に作業し、やりにくい作業があったら挙げてもらいます。
7. やりにくい作業を改善し、ビデオ標準を完成させます。

作業者はビデオ標準を2、3回見るだけで手順とポイントを覚えてしまいます。実作業時に手順を忘れてしまったら、現場に設置したビデオ標準を見て思い出してもらいます。これにより、初めての作業（5分程度）でも2時間程度で覚えてしまいます。

第3章 ルールを守らせるには

標準整備の7ステップ

守らない標準には7つの不備がある

- 守る意味が書いていない
- 規格があいまい
- 表現がわかりにくい
- 不要な作業が入っている
- 必要な作業が入っていない
- ポカミスを出しやすい作業が明確になっていない
- やりにくい作業が改善されないままで入っている

⬇

作業者は標準を守らなくなる ➡ ポカミスが発生する

⬇

標準を整備する

1. 標準作業者を決める

    ⬇

2. ビデオに撮り、仮作業手順書をつくる

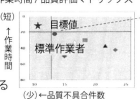

作業時間/品質評価マトリックス

(短)↑作業時間　★目標値　標準作業者
(少)←品質不具合件数

3. 監督者、スタッフ、標準作業者でビデオを見て、7つの不備を整備

    ⬇

4. ビデオに撮り、ビデオ標準をつくる

5. 作業者全員で見て、疑問を解消する

6. 実作業して、やりにくい作業を挙げる

7. 改善して、ビデオ標準を完成させる

47

6 時代が変われば教育・訓練も変わる

　時代の流れにより教育・訓練のしくみも変えなくてはなりません。従来の教育・訓練のしくみは、今の時代に合いません。

　従来の教育・訓練のしくみには、4つの欠陥があります。

・教える人によって内容が違う
　誰が正しいかわからない
・教える人の負担・工数が大
　教える人の仕事が進まない。その結果、
・教える時間が短くなり、おざなりな教育・訓練になってしまう
　その結果、ポカミスやAT/ST差ロスが発生し、生産が遅れる。
　その対応は教える人がすることになり、更に負担が増え、更に教える時間が少なくなり、その結果、
・習熟に長い期間がかかってしまう。

　そこに、今の時代の雇用情勢が加わるとせっかく教えたのにすぐに辞めてしまい、また人を雇わなくてはならず、教育・訓練が際限なく続き、教える人の負担は更に増し、教育・訓練がおざなりになるという悪循環を生み出します。

　従来の教育・訓練の欠陥は、**つきっきり教育**ということです。つきっきり教育は、教える側の時間的負担となり、教えられる側の精神的負担になります。

　OJTという日本独特の訓練方法もありますが、これも人手不足、ベテラン不在の今の現場では、実質上、放置訓練であり、やはり時代の流れに合わないしくみです。

　従来の教育・訓練のしくみの欠陥を補うしくみが、**ビデオ標準**です。

　ビデオ標準による教育・訓練により、教える側の時間的負荷が軽減され、教えられる側も自分のペースで作業を覚えることができ、精神的負担が減ります。また、双方の負担が減ることで、教える側と教えられる側に良好な関係も構築されます。

第3章 ルールを守らせるには

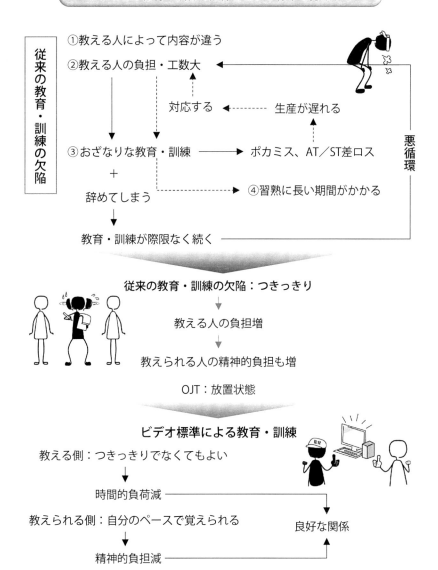

7 実践、新教育・訓練 パート－1：新人編

　生産急増のこの職場では、慢性的人手不足でした。毎週のように新人が入ってきます。教える方も忙しく、入社教育2時間、現場教育1時間、その後「わからなかったら、聞いて」という教育・訓練でした。

　その結果、習熟期間には1カ月。
- 一人当たりのAT/ST差ロス：¥140,000/月
- 〃　　ポカミスによる不良：¥166,000/月
- 年間¥26,370,000の教育・訓練ロス

が出ていました。

　このロス分は教育・訓練担当者が責任を負わなくてはならず、教育・訓練担当は、自分の仕事をしながら、そのフォローに毎日走りまわっていました。走りまわらされるベテランは、新人に文句を言い、新人は、「自分は一生懸命やっている」、「文句を言われる筋合いはない」と言い、すぐに辞めてしまい、離職率はとうとう38.2％にまでなってしまいました。

　その離職率の高さを管理者は教育・訓練担当の責任として責め、教育・担当者はやる気をなくし、さらにおざなりな教育・訓練になるという悪循環も生み出し、職場にはどんよりした雰囲気が漂っていました。

　そこで、ビデオ標準による教育・訓練をしてみました。

　そうしたところ、習熟期間は1カ月から1週間に短縮され、
- AT/ST差ロス：¥37,800（73％削減）
- ポカミスによる不良：¥21,580（87％削減）
- 年間¥20,358,000のロス

が刈り取れました。

　そして、文句を言われなくなった新人の定着率は上がり、ベテランの気持ちにも余裕が生まれ、新人に優しく接するようになり、職場の雰囲気も良くなりました。

第3章　ルールを守らせるには

定着率＆職場の雰囲気アップ

生産急増 → 慢性的人手不足 → 毎週、新人が入ってくる
　　　　↘ 教える側も忙しい → 新人教育

入社教育：2時間
現場教育：1時間
OJT：習うより慣れろ！

習熟期間：1カ月

AT/ST 差ロス：¥140,000/ 人・月

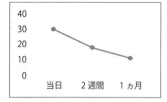

年間の総ロス：¥26,370,000

ポカミスによる不良：¥166,000/ 人・月

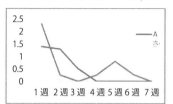

ロス分の生産責任を教育・訓練担当が負う
↓
新人を怒る → 辞める → 離職率：38.2%

1週間

ビデオ標準による教育・訓練

習熟期間：1カ月 → 1週間

AT/ST 差ロス：¥140,000/ 人・月 → ¥37,800（73％減）
ポカミスによる不良：¥166,000/ 人・月 → ¥21,580（87％減）

年間：¥20,358,000 の効果

職場の雰囲気も良くなった

8 使えるビデオ標準のつくり方

ビデオ標準は、5つの手順で作成します。

対象作業の決定

狙いと教育対象者から対象作業を選びます。狙いは、新人教育・多能工化、災害防止、ポカミス防止、技能伝承の4つあります。

絵コンテの作成

絵コンテとは、画面を構成する各カットをイラストや文章で示し、映像の流れを明確にしたものです。絵コンテには、作業目的、標準時間、教育対象者、完成図、治工具、作業内容、注意点、異常時の処置、グレー品の扱い、安全上のポイントなどを入れます。

撮影

標準作業者を、方向、距離、時間、範囲、録画モードの5つのポイントから撮影します。ビデオ標準のできの良し悪しは、この撮影で決まります。

編集

編集しやすい、操作が簡単な編集ソフトを選び、撮影したビデオを絵コンテに沿って編集していきます。映画をつくるつもりでやります。

仕上がりチェック

ビデオ標準の仕上がりを、目的、用具・治工具、速さ、文字の大きさ、手元撮影、静止画、災害防止行動、NG/OK作業、画像と音声の一致、音楽効果の10項目に従いチェックします。

ビデオ標準づくりは、たいへんです。5つの手順を踏まず、気軽につくろうとした工場はほとんど失敗しています。ビデオ標準をつくるのは簡単ではありません。しかし、使えるビデオ標準が出来上がれば、その威力は抜群、という認識を持って頂きたいと思います。

ビデオ標準は、ポカミスが出るたびにNG/OKシートを組み込み**常に最新**にしておきます。使えるビデオ標準を維持するには、その手間を惜しんではいけません。

第3章 ルールを守らせるには

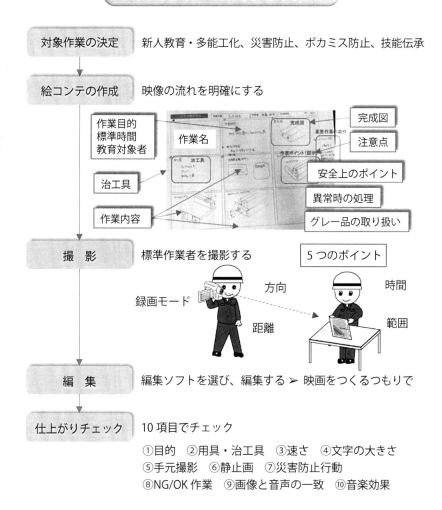

9　計画的人材育成

　ビデオ標準を活用し、計画的に人材を育成します。
　新人が入ったら、
　・初めにどの作業をどのくらいの期間で覚えさせ
　・次にどの作業を教え
　・最終的にどういう作業ができるようになったら一人前とするか
という育成プログラムをつくります。
　新人は、一度ラインに入ってしまうと、教育・訓練の時間を取ることがなかなかできません。そこで、新人のうちに多能工化してしまいます。
　ベテランは、ローテーションにより再教育・訓練し、多能工化します。ローテーションは、任せ切り現場からの脱却にもなります。
　これからの時代、一人前とは1つの作業に長けているだけではなく、全作業ができる多能工も必要条件になります。そして、全工程の作業がこなせる人員を多数育成します。
　現場に生産に必要な人数しかいないと、教育・訓練の時間が取れません。ですから、人材を計画的に育成するためには、監督者の下に常に1名か2名の人員を持ち、1カ月ごとにローテーションし、その間、多能工化の教育・訓練を進めます。また、その人員には、ビデオ編集ソフトも習得させ、自分の作業は自分でビデオ標準化できるスキルも身に着けさせます。
　人員を確保する方法は、4つあります。
　・新人が入ったとき、1週間〜2週間かけて集中的に教育・訓練する
　・改善により余裕時間をつくり、その時間を原価低減にまわすのではなく、教育・訓練時間にあてる
　・生産計画を調整し、週に1時間ぐらい教育・訓練時間を取る
　・まる1日、多能工化の日を設け、一気に進める
　モノづくりはヒトづくり。人材育成は、現場の新陳代謝を活発化するための唯一の施策です。

教育・訓練で現場の新陳代謝を高める

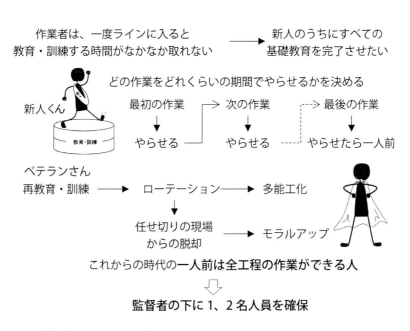

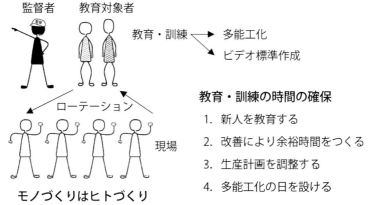

モノづくりはヒトづくり

教育・訓練の時間の確保
1. 新人を教育する
2. 改善により余裕時間をつくる
3. 生産計画を調整する
4. 多能工化の日を設ける

人材育成は、現場の新陳代謝を活発化するための唯一の施策

10 モラルのポカミスへの影響

　モラルのポカミスへの影響は絶大です。

　モラルが低いと、会社の決めたルールを守らないという行動を取ります。

　具体的にいうと

　・NG/OKシートをつくり、教育しても、NG作業を続ける

　・ポカミスに関するルールをつくっても守らない

　・標準を整備し、教育・訓練しても、標準を守らない

という行動です。

　そうすると、対策が役に立たず、ポカミスがなくならないという状態になってしまいます。

　特に、任せ切りの現場では、モラルが著しく低下します。

　現場を作業者に任せ切りにすると、初めはたいへんだとこぼしていますが、そのうち自分達だけで仕事ができるようになると、心理に変化が生じます。

　・自分達がいなくてはこの現場は動かない

　・上司がいなくても自分達だけでどうにでもなる

　この心理（気持ち）の変化が、現場独特のルール（モラル）を生み、それを率いるリーダーを生み出します。

　そうなってしまうともう手遅れです。ポカミスをなくすために会社が決めた新たなルールが、自分達のルールに合わないと表面上は従っていますが、見ていないところでは従わないという行動を取ります。ひどい所になると、見ていても平気でルールを守らないという行動を取ります。

　任せ切りの現場におけるモラル低下への対策は、

　・定期的にローテーションし、再教育・訓練で多能工化を進める

　・監督者と現場の作業者一人一人と密なコミュニケーションを取る

ことです。しかし、これらを現状のままやってもうまくいきません。この2つの対策を打つには、新たな教育・訓練のしくみづくりと尊敬される上司の育成が必要になります。

第3章 ルールを守らせるには

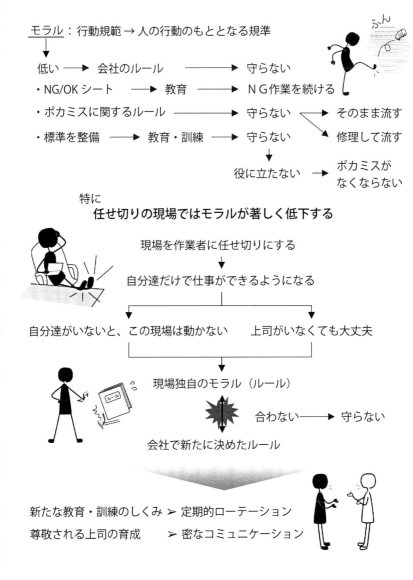

11 チームエラー

　チームワークという言葉があるように、チームエラーという言葉もあります。いわゆる、組織全体でのミスです。チームエラーの原因は、組織のモラル低下です。

　・職場全体で同じようなポカミスが発生し、慢性化している
　・違う職場でも同じようなポカミスが発生している
　・ある工程で出たポカミスが最終工程まで流れ、最終検査で止まらず、クレームになってしまう

　このような現象がチームエラーです。

　チームエラーは、他人、他職場への遠慮、無関心、自職場優先の考え方、守りの姿勢で発生します。

　対策は、職場内、職場間でのコミュニケーションの促進です。具体的には、小集団活動、部門をまたがるワークショップなどが施策になります。

　最近、日本のモノづくり企業が品質問題で新聞紙上を騒がせています。これもチームエラーです。世界一の品質を誇っていた日本のモノづくりもバブル崩壊による経営悪化から4回にもわたり品質問題を起こしています。この品質問題の原因は、企業のモラル低下です。

　モラルは、集団で形成され、個人の行動を規制します。つまり、会社のモラルが職場のモラル、職場のモラルが会社のモラルということです。

　日本のモノづくり企業は、バブル崩壊後からコストダウン第一主義に陥り、品質を軽視し始めました。検査ムダ論、無検査推進、データ改ざんなどはその顕れです。

　品質問題を解決するには、まず会社のモラルを正さなくてはなりません。口先だけの顧客重視、表示だけの品質第一主義から脱却し、本気の顧客重視、本音の品質第一主義に戻らないと品質問題は解決できません。顧客が求めているのは品質です。コストは社内の課題です。顧客の要望と会社の課題の優先順位を間違えてはいけません。

第3章　ルールを守らせるには

組織のモラル低下は品質問題を起こす

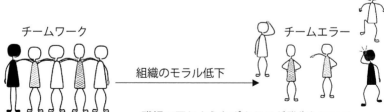

チームワーク　　→（組織のモラル低下）→　チームエラー

チームエラー現象

・職場で同じようなポカミスが発生している
・違う職場でも同じようなポカミスが発生している
・ある工程で出たポカミスが最終工程まで流れ、検査でも見つからず流出し、クレームになる

原因：他人、他職場への遠慮、無関心、自職場優先の考え方、守りの姿勢

対策：職場内、職場間のコミュニケーション

企業モラルの低下

昨今の日本企業の品質問題　→　チームエラー現象

バブル崩壊　→　コストダウン第一主義　→　品質軽視／顧客軽視
　　　　　　　　　　　　　　　　　　　　　↓
　　　　　　　　　　　　　　　　　　　　検査ムダ論
　　　　　　　　　　　　　　　　　　　　無検査の推進
会社のモラルは、職場のモラル　　　　　　　品質データ改ざん
　　　　↓　　　　　　　　　　　　　　　　↓
　　職場のモラルは、個人のモラル　　　　　品質問題の解決
　　　　　　　　　　　　　　　　　　　　　↓
本気の顧客重視、本音の品質第一主義　←　会社のモラルを正す
　　　　↓
　　品質問題の解決

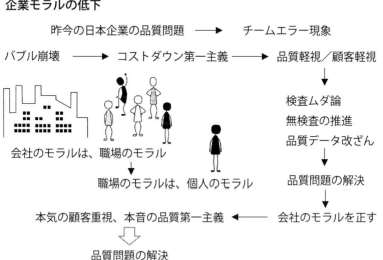

> コラム

実践、新教育・訓練
パート-2：ベテラン編

　この職場では、新人の教育・訓練をベテランに一任していました。ベテランはライン内で作業をしており、「私の作業を見て覚えて」、「わからなかったら聞いて」という教育をしていました。

　しかし、新入社員は見ているだけでは覚えられず、かといって作業をしているベテランには聞きにくく、それでも勇気を振り絞って聞くと、「作業指示書をよく見て」と言われる始末でした。

　新人はそのうち見よう見まねで作業できるようになりましたが、その苦労を知っている新人もベテランも新たな作業を覚えようとはしませんでした。このことが問題を起こしました。作業者は自分の作業しかできず、それが定着してしまったため、一人が休むと職制が一時ラインに入らなくてはならず、一人が辞めるとそのラインは止まってしまうという状況になってしまいました。

　更に、作業が自己流になってしまった結果、作業間でバランスロスが生じ、作業時間の長い工程の前では仕掛がたまり、それを見ながら作業をするため作業者はあせり、ポカミスが多発するという状況までつくってしまいました。そして、そのあせりが、ポカミスを出してもそれをそのまま流してしまうという、悪しき習慣までつくり出してしまいました。

　この問題の根本原因は、教育・訓練のしくみにあります。

　そこで、ビデオ標準による教育・訓練を実践しました。その結果、1つの工程を2時間で習得できることがわかりました。

　予想以上に良い結果が得られたので、休日に多能工化の日を設け、やる気のある作業者を招集し、一気に教育・訓練を行いました。その結果、たった1日で全作業をマスターするというつわもの作業者まで現れ、多能工化が進み、ラインのバランスロスが解消され、ポカミスも減り、ポカミス発生時にはラインを止めるというルールも守るようになりました。

うっかり対策

1 うっかり

　うっかりは、人の特性から発生する一番やっかいなポカミスです。悪気がなく、知らないうちに出てしまうのがうっかりです。

　うっかりは、発生するタイミングにより2つに分けられます。

作業開始時のうっかり
　・人は、環境・条件が変わっても、いつもと同じ行動を取る（回帰特性）
　・人は、ある時点において、1つのことにしか注意を向けることができない
　　（シングルチャネルメカニズム）

　この2つの特性が働くと、作業の中断、手待ちの後の作業開始直後にうっかりが発生します。

　対策としては、声かけ禁止、手待ちの改善、作業前点検となります。作業前点検の前には片づけが必要であり、片づけには整理・整頓が必要になります。

作業中のうっかり
　・人は疲れる
　・疲れるとミスをしやすくなる
　・疲れると眠くなる
　・疲れると眠くなりミスをしやすくなる
　・人はストレスを感じるとイライラする
　・イライラするとミスをしやすくなる
　・イライラすると疲れる　→　疲れるとミスをしやすくなる

　作業中のうっかりは、このような人の特性から発生する避けようのないミスです。

　作業中のうっかりに対する対策は、疲れやストレスがたまらないような作業改善、環境整備、管理体制の構築を行い、発生の可能性を低下させます。

うっかりは人の特性から発生する

うっかりは一番やっかいなポカミス ──→ 人の特性から発生

　　　　悪気なく、知らないうちに出てしまうのがうっかり

タイミングによって2つに分けられる

作業開始時に発生する

　人は　環境・条件が変わっても、いつもと同じ行動を取る（回帰特性）

　　　ある時点において1つのことしか注意を向けることができない

　　　　　　　　　⇩　　　（シングルチャネルメカニズム）

　　　　作業の中断、手待ちの後、作業開始直後にうっかりが発生

　　　　　　　　　対策　⇩

　　　　声かけ禁止、手待ちの改善、<u>作業前点検</u>

　　　　　　　　　　　　　　　　片づけ ──→ 整理・整頓

作業中に発生する

　人は　疲れる

　　　　疲れるとミスをしやすくなる ◀─┐
　　　　疲れると眠くなる
　　　　眠くなるとミスしやすくなる
　　　　ストレスを感じるとイライラする
　　　　イライラするとミスしやすくなる
　　　　イライラすると疲れる ──────┘

　　　　　　　　　⇩

人であれば誰もが持っている特性から発生するミス／避けようのないミス

　　　　　　予防　⇩

疲れ、ストレスがたまらない作業への改善、環境の整備、管理体制の構築

2 作業開始時のうっかり

　ポカミスの観点から見ると、作業はその目的を達成するまで止めるべきではありません。中断や手待ちから作業を再開するとき、うっかりが発生するからです。しかし実際の現場では、中断や手待ちは結構あります。

声かけ

　中断の要因の1つが、声かけです。1つの作業に集中している作業者に、他の人が声をかけると、声をかけられた瞬間、どこまで作業していたかを忘れ、再開時にポカミスが発生します。特に、ピッキング作業で部品の数を数えているときの声かけは危険です。ほとんどの場合、いくつまで数えたのかわからなくなります。

　ですから、作業中の声かけは原則禁止にします。そして、それを職場のルールとし、全員に周知徹底させ、守らせます。もしそのルールを守らない作業者がいる場合、それはモラルに問題があります。

手待ち

　製品切り替え、段取り、トラブルによるラインストップにより手待ちが発生します。作業者はその待ち時間に他の作業をすることがありますが、他の作業をしてもとの作業に戻り、もとの作業を再開しようとした直後にポカミスが発生します。待ち時間に他の作業をすることを指示している現場もありますが、これはポカミスの観点から見るとあまり良くない指示です。

　人は作業が中断しもしくは手待ちになり、再開するときにミスします

　ですから、可能な限り1つの作業をしている間に他の作業を入れないようにします。手待ちも可能な限りなくします。しかし、実際の現場ではこれらを実施するのは難しいです。そこで、作業前点検により作業再開直後のポカミスを防止します。

　作業前点検もルール化します。これを守らない作業者がいる場合には、点検基準の不備かモラルの問題となります。

第4章　うっかり対策

声かけ禁止と作業前点検

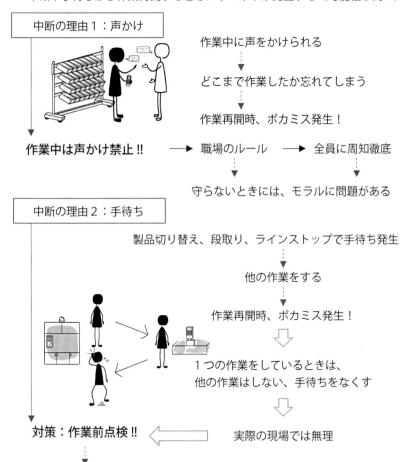

作業はその目的が達成するまで止めるべきでない

中断や手待ちから作業再開するときにうっかりが発生する（可能性が高い）

中断の理由1：声かけ

作業中に声をかけられる
↓
どこまで作業したか忘れてしまう
↓
作業再開時、ポカミス発生！

作業中は声かけ禁止!! → 職場のルール → 全員に周知徹底

守らないときには、モラルに問題がある

中断の理由2：手待ち

製品切り替え、段取り、ラインストップで手待ち発生
↓
他の作業をする
↓
作業再開時、ポカミス発生！
⇩
1つの作業をしているときは、
他の作業はしない、手待ちをなくす
⇩
実際の現場では無理

対策：作業前点検!! ←

守らないときには、点検基準の不備かモラルの問題

3 作業前点検の重要性

　作業開始時には、作業台上や準備台車上の点検が必要です。部品の数が決められた数になっているか、治工具の配置が決めた位置に置かれているかを点検します。

　点検のためには、もし作業が中断、手待ちになったら、作業開始時の部品、治工具をもとの状態に戻す**片づけが必要**です。片づけをせずにやりっぱなしにしておくと、点検ができません。もし点検なしに作業を始めると、いつもと状態が違うのにいつものように始めてミスをします。人の回帰特性の影響です。回帰特性は、毎日同じ作業をしている場合には、早く正確に作業ができるというメリットがありますが、作業が前回と違う場合にも同じ作業をしてしまうというデメリットも併せて持ち合わせています。我々は、このメリットを「慣れ」、デメリットを「思い込み」と呼んでいます。

　思い込み対策として、片づけが必要になります。もしやむを得ない事情で中断、手待ちが生じたら、作業開始時にきちんと始められるように元の状態にします。

　作業前点検と片づけがペアとなり、徹底されることにより作業開始直後のポカミスはなくなります。

　片づける方法が、整理・整頓です。
- 不要なモノはない
- 必要なモノは必要な数だけある
- 使う順序に並べられている
- 置き場所と置くモノ双方には表示がしてある

　このような姿に戻すのが片づけであり、その状態を確認するのが作業前点検です。

　片づけと対極をなすのが、やりっぱなしです。最近、現場から離れるとき、やりっぱなしで離れる作業者が多いのは問題です。やりっぱなしの現場ではポカミスが慢性化します。

第4章 うっかり対策

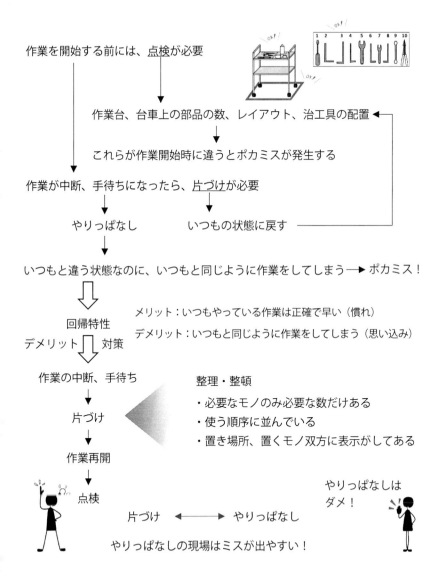

4 作業中のうっかり

　作業中のうっかりは、疲れやストレスが集中力の低下、記憶力の低下、判断力の低下、意識の途切れを招くために発生します。

　人は疲れてくると、集中力が低下します。集中力が低下すると、人はうっかりします。集中力が低下すると、記憶力が低下します。記憶力が低下すると、どこまで作業をやったかわからなくなります。

　集中力、記憶力が低下すると、判断力が低下します。判断力が低下すると判断ミスというポカミスを生みます。

　人は、疲れてくると眠くなります。短時間無意識に眠ってしまう現象をマイクロスリープと言います。マイクロスリープに陥ると意識が途切れ、飛ばしなどのうっかりが発生します。

　ストレスは、人をイライラさせます。人はイライラすると集中力、判断力が低下します。それによってミスが発生します。また、ストレス、イライラは、疲れを招きます。

　疲れない人はいません。ストレスを感じない人もいません。つまり、作業中のうっかりを起こすトリガーが疲れとストレスである限り、うっかりはなくならないことになってしまいます。

　生産ラインにおける**疲れとストレスの要因は7つ**あります。

・長時間労働
・寝不足／体調不良
・急いでいる（個人の都合）
・作業環境が悪い：温湿度、明るさ、騒音
・雑然とした職場　→　整理・整頓不足
・作業がやりにくい：製品・部品、治工具が扱いにくい
・生産に追われる　→　無理な生産計画、ラインバランスが悪い

　これら7つの要因に対策を打ち、疲れにくくストレスがかかりにくい作業と環境をつくることにより作業中のうっかりをなくしていきます。

第4章　うっかり対策

疲れ、ストレスがうっかりを生む

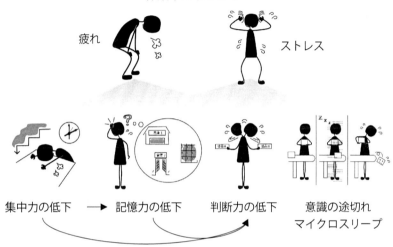

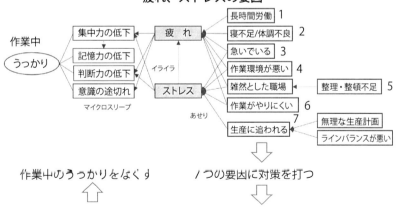

5 長時間労働の対策は休憩しかない

長時間労働に対する対策は、休憩しかありません。

多くの現場が休憩時間を、午前10時から15分、お昼12時から45分、午後3時から15分と決めています。しかし、それは誰がいつ何を根拠に決めたのでしょう。現在の休憩の取り方は根拠性が薄く、昔、誰かが決めたルールを慣習として守っています。

その根拠のない休憩のルールを各作業の疲労度によって決め直します。

個別休憩

作業者が疲れを感じ、もうこれ以上作業をするとミスが出ると思ったら、交替要請ボタンを押し、ランプを点灯させ、交替要員と交替します。疲れが回復したら復帰します。特に目視検査では、休憩中、目を休ませる工夫が必要です。

あまりにも休憩要求の頻度が多い作業者は、体調不良と判断し、交替させ、帰社させます。

全体休憩

ライン作業で複数作業者が疲れを感じ、交替要員が足りない場合、1つの生産単位で作業を完了させ、片づけと次の生産の準備をし、全員で休憩を取ります。

都度休憩

設備主体の職場の場合、設備の段取りが終了し、型や治工具を片づけ、次の生産の準備をしたら、設備の稼働状態を決められた時間だけ確認の上、その都度、休憩を取ります。

実際の運用は、作業者に任せます。ただ、1日どのくらいの時間を休憩にあてるかは監督者が提示します。

休憩を作業者に任せると、さぼるのではないかと心配する方がいますが、心配は無用です。作業者は1日の生産計画をちゃんと守りながら、きちんと休憩を取ります。**自主休憩は、作業者への信頼の証**です。作業者は、その信頼に必ず答えてくれます。

第 4 章　うっかり対策

安易な対策はロス、難し過ぎる対策も問題

長時間労働に対する対策は、休憩しかない

根拠のない従来の休憩の取り方を疲労度によって決め直す

個別休憩

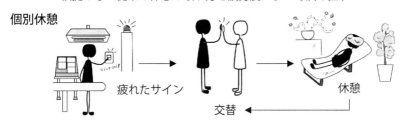

あまりにも休憩要求が多い作業者は帰社させる

全体休憩

都度休憩

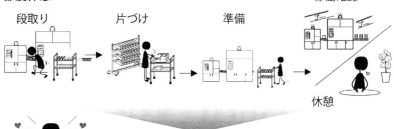

1日の生産計画をきちんと守り、
ちゃんと休憩も取る

作業者は信頼に応えてくれる

6 寝不足、体調不良にはどう対応するか

　作業者は、多少体調が悪くても会社に来ます。しかし、寝不足、体調不良は、集中力を鈍らせ、うっかりを発生させます。時には、災害につながることもあります。

　よく朝礼で、「体調悪い人いますか」と聞いている監督者がいます。作業者は、そう聞かれてもせっかく会社に来たんだから仕事しなくちゃという気持ちがあり、多少体調が悪くても正直に言いません。また正直に言ったときに「じゃ、休めばよかったのに」と言われることもあり、それを予測して作業者は聞かれても正直に言いません。

　寝不足、体調不良には個人ごとの体調管理で対応します。体調管理は、3つのことをします。

1．顔色を見る

　朝礼で顔色、様子を見ればほとんどの寝不足、体調不良はわかります。その際には、本人に作業に入っても大丈夫か確認し、もし本人が大丈夫と言ったらラインに入れます。もし本人が大丈夫と言っても、監督者が無理だと判断したら軽い作業にまわすか、休憩室で休憩させるか、家に帰すかします。

2．定期的に見る

　ラインに入れたら、定期的に体調不良と思われる作業者の様子を見に行きます。それにより、本当に大丈夫だったのか、大丈夫ではないのにそう言ったのかがわかります。言ったときには大丈夫だったのが、急変することもあります。作業を継続するのが無理と判断したら作業から外します。

3．言い出しやすい環境をつくる

　1と2が、体調不良を正直に言える環境を整えます。作業者は、監督者が常に自分のことを心配していると感じ、体調に不安があったとき、正直に言うようになります。

　この心理の変化は、監督者への信頼、作業者のモラル向上につながり、ポカミスも減ります。

第4章　うっかり対策

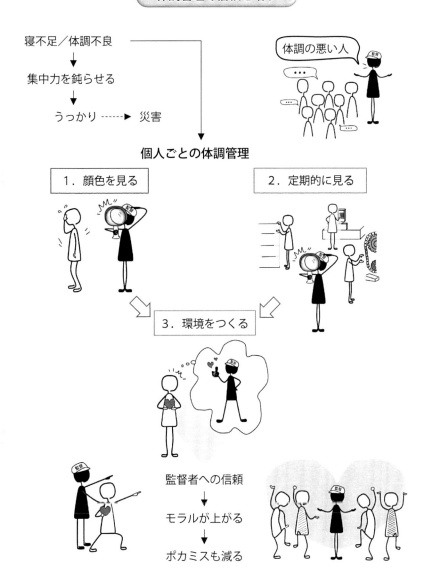

7 個人ごとの都合管理

　誰にでも自分の都合はあります。
　個人的な用事があるとき、帰らなくてはならない時間が近づいてくると、その作業者は気もそぞろになり、集中力が低下しミスをします。ミスをするとあせり、またミスをします。そしてミスが2回も続くと、帰る時間が伸びることによりいらだち、自分をそんな状態に置いた会社に怒り、投げやりな作業になり、またミスします。
　ちょっと勝手な気がしますが、人とはそういうものです。
　そして、そういう作業者を見ている他の作業者もその態度に不快感を持ち、職場の雰囲気が悪くなります。
　そのような状態にしないために個人ごとの都合管理を実施します。
　早く帰らなくてはいけない人には自己申請してもらい、その時間より早めに作業から抜き、早めに帰します。この早め早めにがポイントです。現場では何が起きるかわからず、それに対応した措置です。抜いた分は、余裕人員で埋めます。
　自己都合の申請は、1週間前から受け付け、遅くても1日前に出すようにしてもらいます。ただ、実際にはその日に帰らなくてはならないことが起きることもあり、その場合でも、急に言い出したことを怒らず、受け入れる気持ちが必要です。なぜなら、そのことで感謝し、次回は早めに申請しようという気持ちになるからです。
　都合管理により、ミスを防止し、人間関係を改善し、職場への感謝の気持ちを植え付けます。その気持ちは、他の人が用事があるときに積極的に協力する姿勢も生み出し、職場の雰囲気を良くします。
　過去には、会社優先、個人は二の次という時代が続きました。しかし、これからは、会社と個人は対等な関係になり、優先順位はお互いの都合により、話し合い、譲り合い、その都度決めていく時代になります。
　個人ごとの都合管理は、これからの時代に対応する施策です。

第4章　うっかり対策

会社と個人の優先順位

人は急ぐとミスをする ＋ 誰にでも自分の都合はある

個人的な用事　　　　気もそぞろ　　　　怒り
がある作業者　　　　ミスを連発　　　　投げやり

個人ごとの都合管理

ミス防止 ＋ 人間関係改善 ＋ 職場への感謝の気持ちの醸成

職場の雰囲気も良くなる

これからの時代の優先順位

過去：会社＞個人　→　これからの時代：会社≦個人

お互いの都合により譲り合い融通し合う時代

8　作業環境の改善

　作業環境が悪いと作業者にストレスがたまり、疲れが蓄積され、ミスを連発します。そこで、作業者に快適な作業環境を提供するための環境改善をします。

1. 温・湿度管理

　壁に設置された巨大なエアコンがごうごうと大きな音を発し、全体を極端に冷やしたり暑くしたりしている職場がいまだにあります。そういうエアコンは交換し、エリアごとにインバーター付きのエアコンを設置し、静かな音で温湿度管理をします。それにより、作業者は快適な環境で作業することになります。

2. 明るさ管理：目視検査

　明るさ管理は、特に目を使う職場で重要です。暗すぎると見えず、明る過ぎると目が疲れます。実際の明るさ管理は、照明メーカーに協力を求め進めます。

3. 騒音管理

　音のうるさい設備での作業では、耳栓が義務付けられています。しかし、それでは根本対策になっていません。耳栓をすると感覚が鈍りますし、騒音対象設備職場以外の人も実はうるさいのです。大きな騒音を出す設備には防音カバーで被う対策を取るべきです。

　ある職場で作業環境が悪いという不満が出ました。それに対し、監督者は「どこが、なんで」とすごい勢いで聞きました。

　作業環境の良し悪しは、その職場で1日中作業をしてみないとわかりません。別の居心地の良い場所にいて、たまにしか現場を訪れないのでは実感できません。作業環境の良し悪しは感覚の問題であり、日々感じていたことがたまり、不満として出てきたと思うべきです。

　作業者から環境改善の要求が出た場合には、「わかった。よく今まで我慢してくれた。すぐに対応する」という答えがベストです。環境が良くなることで、作業者は快適に作業ができるようになり、品質も上がります。

第4章 うっかり対策

作業者に快適な環境を提供する

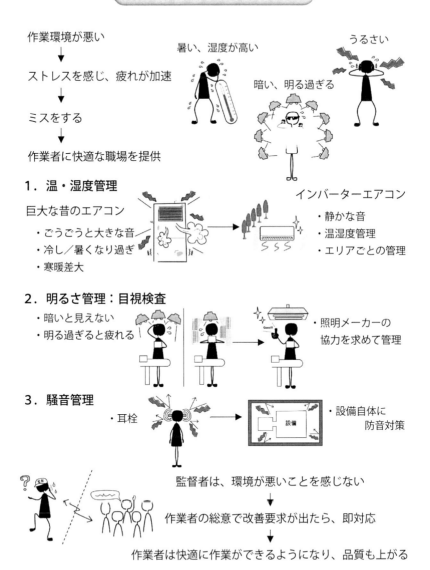

9 雑然とした職場には整理・整頓

雑然とした職場ではミスが出やすくなります。その対策が整理・整頓です。ポカミスに対する整理・整頓の意味は4つあります。

1. 現場はみんなで使うところ

整理・整頓をしようとすると、「自分は、どこに何があるかわかっています」という作業者がいます。しかし、それは間違いです。現場はみんなで作業する場所です。ですから、現場にあるモノはみんながどこに何があるかがわかるようになっていなくてはなりません。

人は回帰特性が働くと、いつものレイアウトと違っていてもそれに気付かず、いつもと同じ作業をしてしまいミスをします。気付いたとしても、それを自分のレイアウトに変えるために時間を使い、イライラし作業開始直後にミスをします。

それを防ぐために、みんなで置き場所、置き方を決めます。

2. 不要品はミスを誘発し、場所を狭くする

作業エリアに不要なモノがあると、見つける、選ぶという動作が発生し、ミスが出やすくなります。また不要なモノが作業エリアにあるとスペースが狭くなり、使う順序に並べる整頓のためのスペースが取れなくなってしまいます。

3. 人は数えながら作業をするのが苦手

人は、数えながら作業をするとミスします。入れ物に不特定多数の部品が入っていると部品の組み付け忘れを発生させます。組立作業では、数えなくてもよい定数管理が必要になります。

4. 標準整備には整理・整頓が必須

標準をつくるには、何がどこに何個置いてあり、こういう作業をするということを決めておく必要があります。つまり標準をつくる前には整理・整頓をしておかなければならないということです。標準の重要性は既に説明しましたが、そのことは整理・整頓も重要だということも意味しています。

ポカミスにおける整理・整頓の意味

1．現場はみんなで使うところ

人はいつもと違う状態であっても、同じことをしてしまう：回帰特性

↓

作業エリアが誰かに変えられたとしても同じ作業をしてミスをする

↓

みんなで共有できる作業エリア＝整頓されたエリアが必要

2．不要品はミスを誘発し、場所を狭くする

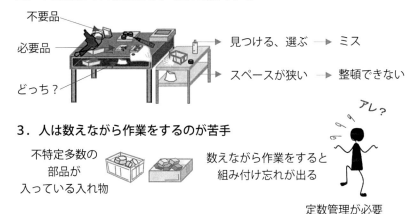

3．人は数えながら作業をするのが苦手

4．標準整備には整理・整頓が必須

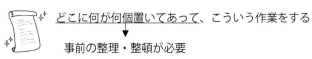

どこに何が何個置いてあって、こういう作業をする

↓

事前の整理・整頓が必要

10 整理・整頓の進め方

　組立作業における作業台の整理・整頓は、5つのステップで進めます。

1. 必要品リストの作成

　1生産単位に必要な部品、治具の種類と数をリストアップします。大切なことは、作業台上にはそのときに必要なモノしか置かないということです。必要か不要かは、作業をするそのときに必要、不要という時間軸で決めます。

2. レイアウトの設計

　作業エリア、組立前仕掛置き場、組立後製品置き場、部品供給棚の位置を決めます。

　生産の基本は1個流しとし、組立エリアは自分の真正面にし、組立前仕掛置き場は左、組立後製品置き場は右にします。部品供給棚は、自分の真正面に斜め供給できるようにし、生産順に並べます。もし棚の数が足りない場合には、立体的に上下に伸ばしていきます。部品は、5個もしくは10個単位のトレイに入れ、定数管理を行います。同じ部品を複数必要な場合にも、まとめずに1個ずつトレイに入れます。トレイが作業者から見て、縦に5～10台入るスペースを確保します。

3. 更地化：整理

　作業台上にあるすべてのモノを、一旦、排除します。

4. レイアウトの決定と棚の設置：整頓

　設計したレイアウトに沿って作業台上にテープで置き場所を表示します。

　供給棚は、1つのトレイが空になったら、次のトレイが来るように斜めにします。そして、置き場所に表示します。

5. 必要品を置く：整頓

　必要品を指定された場所に置きます。治工具などは取ったらそのまま戻るような工夫をします。置いたモノにも表示をします。部品は、組み込む順序で並べます。順序は番号表示します。

　残ったのが不要品です。

第4章 うっかり対策

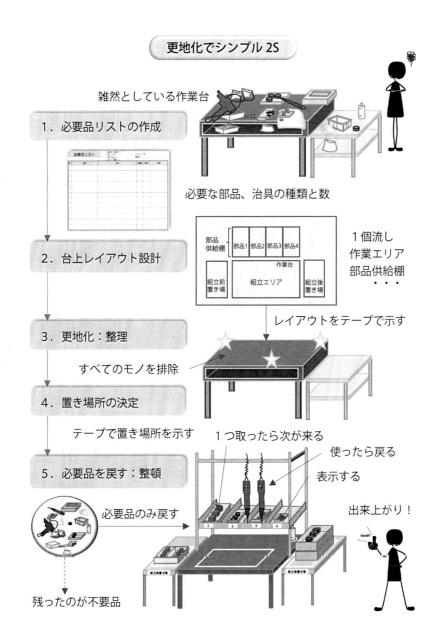

11 やりにくい作業の改善

　人はやりにくい作業をするとき、気を使い、無理もします。気を使い、無理をしながらの作業を長時間ミスなしで続けるのは不可能です。いつか必ずうっかりします。
　やりにくい作業は3つあります。

1. 製品・部品が扱いにくい：重い、長い、形状が複雑で持ちにくい

　製品・部品が重いと落下させ、長いとぶつけキズを付けます。対策としては、吊り具などを使い対応します。また、長いモノを扱うときには、周辺に十分なスペースを取れるレイアウトに変更します。

　製品・部品の形状が複雑で持ちにくいと、落下させ、キズを付けます。対策としては、製品・部品の形状に合わせた受け台をつくり、持ちやすいようにします。

2. 設備の段取りエリアが狭い、手元が見えない

　設備の段取りエリアが狭いと、手が入らず必要以上に時間がかかりイライラし、ミスもします。手元が見えない作業では、調整ミス、ケガが起こりやすくなります。対策としては、設備のレイアウト変更、設備改造、ミラーの設置があります。

3. 治工具が持ちにくい

　治工具が持ちにくいと、製品上、設備上に落とし、キズを付けます。また、イライラしミスも発生しやすくなります。持ちにくい治工具は、持つ部分を手の形状にしたり、長さを調整したりして持ちやすさを追求します。

　これらのやりにくい作業は、製品・部品・設備の設計に起因することが多く、頻度が低く1件ではロスコストが小さいポカミスへの対策としては実施できないのが現実です。

　そのような場合には、ゆっくり作業をしたり、マメに休憩を取ったり、2人作業にしたりすることも対策となります。そして、次の新製品開発時に、これらのやりにくい作業の改善案を設計に反映させます。

第4章 うっかり対策

気を使う作業は、長時間続けられない

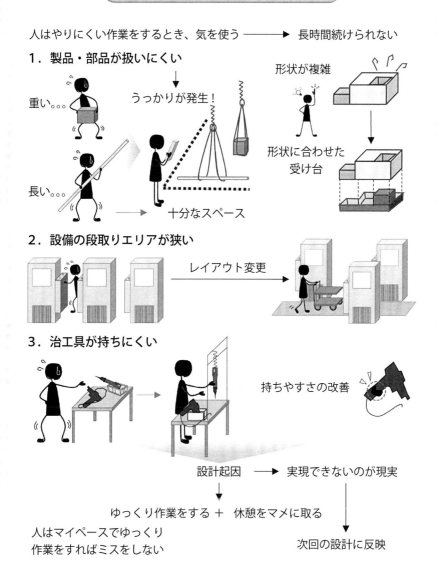

12 生産に追われるとミスをする

　作業者は、生産に追われるとイライラし、うっかりしやすくなります。また、作業が雑になり不良を出しやすくなります。生産に追われる状況は2つあります。

無理な生産計画

　生産計画に無理があると、作業者は常に生産に追われる状態になります。

　無理な生産計画の原因は、標準時間と実態の乖離です。生産計画は、標準時間をもとに立案されます。その標準時間が実際の作業時間とかけ離れていると計画段階ですでに無理が盛り込まれてしまいます。

　対策としては、標準を整備し、作業のバラツキを減らし、現場の実態と合った新たな標準時間を設定し、＋5％の程度の余裕時間を入れ、それをベースに生産計画を立案します。

　また通常の生産計画では、ライントラブルは想定されていません。しかし、実際のラインではトラブルが頻発します。トラブルが起きるとラインは復旧に追われ、その後生産を再開し、次に生産計画に追われることになります。

　根本対策は慢性トラブルを改善でなくすことですが、それには時間がかかります。暫定策として、トラブル時間を＋5％の余裕時間で吸収しきれない場合、生産計画を変更し、ラインを精神的に追い込まないようにします。

ラインバランスが悪い

　ライン内で作業者間の作業時間の差が大きいと、作業時間の長い作業者の前には仕掛品がたまり、それを横目で見ている作業者はあせり、ミスします。また、作業時間の短い作業者には手待ちが生じ、イライラし、ミスをします。

　作業者間の作業時間の差、は±5％以内がベストです。各作業者の作業時間を実測し、作業を前後に配分します。作業の区切り上、それが無理な場合、作業改善により長い時間分を短縮し、時間の差を縮めます。

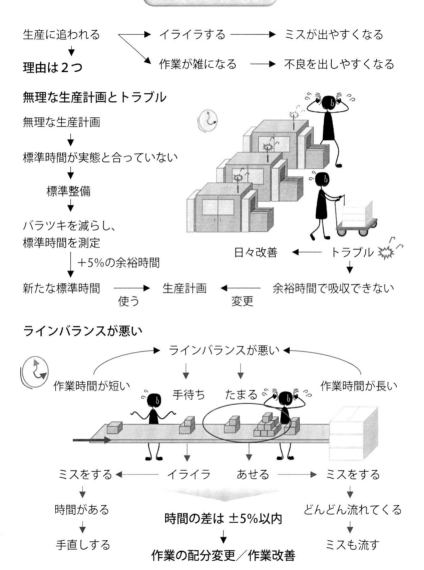

> コラム

作業者思いの改善

　うっかりは、どうしても出てしまうミスです。
ですから、うっかりが出た場合には、
　●疲れた、ストレスがたまる
　●こういう環境はつらい
　●この作業はやりにくい
　という**作業者からのサイン**としてとらえると、うっかり対策の本質が見えてきます。
　そうとらえると、うっかり対策は、
　○疲れにくく、ストレスがかかりにくくするための労務管理
　○働きやすい職場にするための環境改善
　○やりやすい作業にするための改善
になります。
　これは、結果として**作業者思いの改善（＝究極の改善）**となります。
　作業者の立場に立ち、管理、環境、作業を見直し、作業者思いの改善を進めることでうっかりをゼロにしていきます。

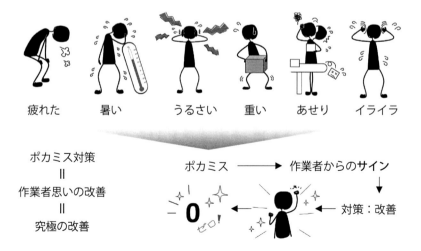

第5章 モラルアップへのアプローチ

1 モラルアップへのアプローチをつくろうと思ったきっかけ

　著者がモラルアップへのアプローチを開発しようと思ったきっかけは、自動車工場におけるZD（Zero Defect）活動でした。その工場では、NG/OKシートにより78％の不良（ポカミス）が減ったのですが、その後、標準整備を進めてもなかなか減らない状態が続きました。

　その原因を探ってみると、ポカミス対策により決めた新たなルールを作業者が守っていないということがわかりました。

　なぜ、守らないのかを直接聞いてみると、会社への不信感、不満、自分達の作業の優位性など、著者の手法では解決できないことばかりでした。

　そこで、これらの課題を解決するツールの開発を始めました。

　最初はアメリカの生産管理論を学び、次に心理学、経営学、失敗学と学んでいくうちに、あることに気付きました。それは、**人は心を持つ**。だから、**人の精神面を改善する手法**がないと、人に対する改善はうまくいかないのではないか、ということです。

　従来の手法は、人の肉体面の改善を対象にしています。しかし、それだけを追究していくと人の精神面を見落としてしまいます。モラルアップへのアプローチは、人の心の部分、精神面を改善する手法でした。

　実際の開発のプロセスは、まさに"人とは"の追求でした。

　そして、最終的に達した結論は、

　　ポカミス対策＝人に対する改善＝モラルアップ＋従来の手法

という方程式でした。この式が意味することは、人に対する改善は、まず人にやる気になってもらい、その後で改善ツールで作業の改善をするということです。

　この式は、現場マネジメントそのものです。現場の監督者は、一人一人の作業者をやる気にさせ、最大限の力を発揮させるのが仕事です。ということは、モラルアップへのアプローチは普段の現場マネジメントにも適用できるということです。

第5章 モラルアップへのアプローチ

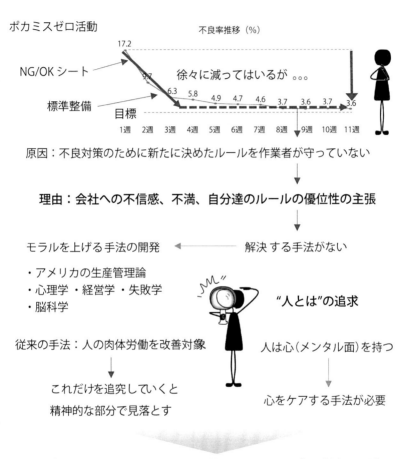

2 モラルとは

　ここで言うモラルとは、行動規範のことです。人はそれぞれ行動を取るもととなる規範（ルール）を持っており、それに従って行動します。

　モラルは、集団内でお互いの協力関係を維持するためにつくり上げられます。ですから、個人のモラルは集団のモラルに大きな影響を受けます。

　また、集団のモラルは必ずしも論理的ではありません。反社会的にもなります（メイヨーの人間関係論）。会社に所属していながら会社のルールに従わない、逆の行動を取る、悪用するという通常ありえないことが起こるのは、この法則によるものです。ポカミスに関して言えば、ルールを決めたのに守らない、教育・訓練をきちんとしたのに標準を守らない、作業者のためを思って対策をしたのにそれを悪用する、という行動を取ることは十分にあり得るということです。

　会社（組織）とは、目的を達成するために複数の人が協業するしくみです。その組織が成立するためには、共通目的、貢献意欲、コミュニケーションの3つの条件が必要になります（バーナードの組織論）。

　会社が求めるモラルは、貢献意欲であり、それに対し賃金という対価を支払います。貢献意欲は、2つの要件となります。

　☆会社の決めたルールはきちんと守る
　☆やる気とチャレンジ精神を持ち、積極的に仕事に取り組む

　会社が求めるモラルと職場のモラルとが一致するとき、モラルが高いとされます。合わないとき、モラルが低いとされます。

　モラルが低い職場では、
　・会社のルールに従わない
　・注意されても素直に聞かない、逆に反発する
　・ルールを悪用する
　・言われたことはやるが、言われないことはやらない
というような会社の求める貢献意欲と全く逆の行動を取ります。

第5章　モラルアップへのアプローチ

> モラルは集団で形成される

モラルとは、行動規範のこと

モラルは、集団内でお互いの協力関係を維持するためにつくられる

個人のモラルは、集団のモラルに大きな影響を受ける

（メイヨーの人間関係論）

・モラルは、必ずしも論理的ではない

　反社会的にもなり得る

会社が求めるモラル：貢献意欲

　　　☆会社の決めたルールに従う

　　　☆やる気とチャレンジ精神を持ち、会社に貢献する

●会社のルールに従わない

●注意されても素直に聞かない、逆に反発する

●ルールを悪用する

●言われたことはやるが、言われないことはやらない

3 モラル低下の原因

　今から40年前、1980年ごろ、日本はアメリカからモノづくり立国としての地位を奪い、世界一のモノづくり国になりました。その当時、アメリカは視察団を日本に派遣しました。そのレポートによると、日本のモノづくりの強さは、従業員の忠誠心と現場での絶えざる改善であるとされました。それにより、日本人のモラルは世界一高いと称賛されました。

　しかし、1991年から始まったバブルの崩壊は、日本人のモラルを徐々に低下させました。

　工場閉鎖、リストラは、現場の人達に被害者意識を植え付けました。熟練工の早期退職、新規採用の抑制、外部社員の採用は、現場の統治体制を崩壊させ、人材育成費用の抑制で作業者はただひたすら働くだけの環境に置かれました。その後も社員は減り続け、常に人が足りない、ただただひたすら忙しい現場になっていきました。その環境に置かれた作業者は、忙しいのに給料が上がらないことへの不満がたまり、その環境で育った管理・監督者はドライになり、尊敬できない上司になってしまいました。

　それらの結果から、会社と現場のコミュニケーションは途絶え、世界一高かった日本人のモラルは、20年という歳月をかけ、先進国でほぼ最下位というレベルまで低下してしまいました。

　モラルを低下させた原因は5つです。

・被害者意識
・待遇への不満
・任せ切りの職場
・尊敬できない上司
・コミュニケーション不足

　しかし、この20年の間、誰もが日本人のモラルの低下に気付いていたはずです。それにも関わらず手を打てなかったのは、モラルマネジメントの手法がなかった（6つ目の原因）からです。

第5章　モラルアップへのアプローチ

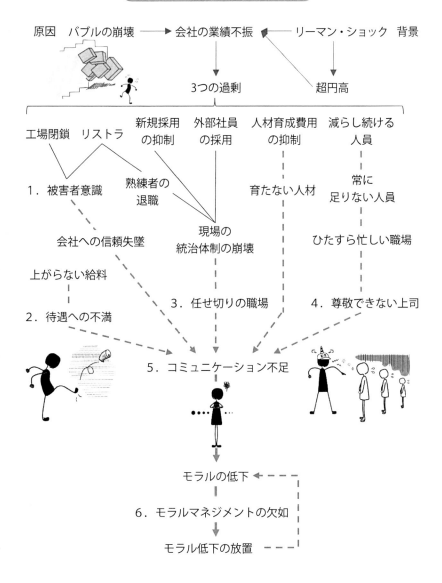

4 モラルを上げるには

　モラル形成の原点は、人の欲求にあります。

　人の欲求は、5段階あります。（マズローの5つの欲求）

　1番下の欲求を生存欲求と言います。生きたいという欲求です。

　2番目の欲求は安全欲求です。自分の安全を確保する行動を取ります。

　そして3番目の欲求が、集団欲求というものです。集団の中に属したいという欲求であり、生存欲求、安全欲求を同時に満たします。

　集団でいれば、集団生活を維持するためのルールが必要になります。このルールが、モラルです。モラルとは人の集団欲求が生み出した産物です。

　集団欲求が満たされると、一部の人に他の人から尊敬されたい、集団に貢献したいという気持ちが生まれます。その気持ちが、承認欲求となります。承認欲求を持った人は、集団内でリーダーを目指します。

　そして、最終的な欲求が自己実現欲求です。自分にできることを成し遂げたいという欲求です。

　人は、5つの欲求を下から順に満たそうと行動します。そして、1つの欲求が満たされると上位の欲求を求め行動します。しかしその欲求レベルを満たせず、不満を感じると下位の欲求で行動するようになります。

　欲求レベルを上げていくことを動機付けと言います。モラルアップとは、動機付けです。各層の欲求を満たし、上位レベルに導いていくことがモラルマネジメントです。

　モラルマネジメントをモラル低下の原因と5つの欲求からみると
- ・被害者意識を薄め、待遇への不満を和らげる：生存欲求を満たす
- ・尊敬できる上司になる：集団欲求を会社の求める方向に導く
- ・コミュニケーションを密に取る：　　　　〃
- ・任せ切りの職場から脱却する：　　　　〃
- ・目標を与え、支援し、成功させ、ほめる：承認・自己実現欲求を満たす

というマネジメントをしていくことになります。

第5章 モラルアップへのアプローチ

> モラルは人の欲求の産物

モラル形成の原点は、人の欲求にある

マズローの5つの欲求

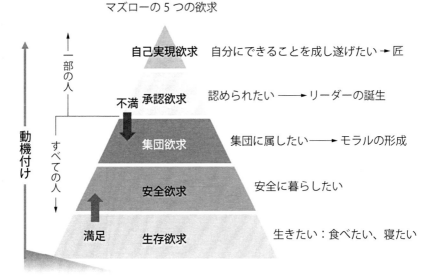

モラルアップは動機付け → 各層の欲求を満たし上位の層に導いていく

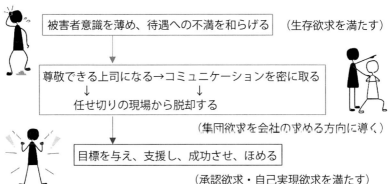

被害者意識を薄め、待遇への不満を和らげる　（生存欲求を満たす）

尊敬できる上司になる→コミュニケーションを密に取る
↓
任せ切りの現場から脱却する

（集団欲求を会社の求める方向に導く）

目標を与え、支援し、成功させ、ほめる

（承認欲求・自己実現欲求を満たす）

5 モラルアップへのアプローチ

モラルアップへのアプローチは、6つのステップと3つのフォローで進めます。

小集団を組む

人は5人程度の集団を組み活動させると、動機付けを受けやすくなります（メイヨーの人間関係論）。

モラルアップは、小集団単位で行います。自分の職場を小集団ととらえ、マネジメントすることも可能です。

率先垂範

小集団活動を始める前に、まず管理・監督者が与えるテーマを自分達でやってみます。**率先垂範**です。

率先垂範には、5つの意味があります。

・やっている姿を見せ、本気だ、と感じさせる。
・テーマを体験し、難易度、適切な目標、指導ポイントを把握する。

それにより、成功体験させ失敗を避ける知識を習得する。

・成功すること、効果が出ることを示し、自分でも確信する。
・うまくいかなかったとき、テーマを再設定し、進め方を再検討する。
・小集団活動のリーダーを実践を通して育成する。

率先垂範は、

やってみせ、言って聞かせて、させてみせ、ほめてやらねば、人は動かじという有名な格言の最初のステップです。

しかし、最近、自分がやったことがないこと、できないことをいきなり部下にやらせ、具体的な指示もせず、苦労も理解せず、口先だけで部下を動かす上司が増えています。その結果、作業者のモラルが低下します。

率先垂範は、日本の伝統的マネジメントです。自分のできないことを部下にやらせない、という気持ちが大切です。

第5章　モラルアップへのアプローチ

6つのステップと3つのフォローでモラルを上げる

6つのステップ

①小集団を組む

5人程度の集団を組み活動させると動機付けを受けやすくなる
（メイヨーの人間関係論）

②率先垂範

作業者にやらせる前にまず自分でやってみる　→　率先垂範

5つの意味

1．やっている姿を見せる
2．テーマを体験する
3．成功すること、効果が出ることを見せ、自分でも確信する
4．うまくいかなかったとき、テーマを再設定し、進め方を再検討する
5．小集団のリーダーを実践を通して育成する

やってみせ、言って聞かせて、させてみせ、ほめてやらねば、人は動かじ
（山本五十六）

率先垂範は、日本の伝統的人材マネジメント

自分のできないことを部下にやらせない！という気持ちが大切

③やる意味を教える　→　④目標を与える　→　⑤成功させる　→　⑥ほめる

3つのフォロー

叱らないで一緒に考える　　マンネリ化対策　　毅然と接する

6 やる意味を教える

　作業者は、日々、生産に追われています。そういう作業者に改善活動をやると言うと、
「改善なんてやってられない。生産が遅れる。帰るのが遅くなる」
と文句を言います。
　今まで改善をやった経験のある作業者は、
「また改善。今まで十分にやったじゃない。ほんとに必要なの」
と言います。
　現場作業者は、**本音では活動したくない**のです。その本音を知りながらも、それでもやらせるには、やる意味を理解させなくてはなりません。
　その方法が、**キックオフ**です。
　キックオフでは、まずやる意味を教えます。
　なぜやるのか（会社の経営状況、課題）、何をやるのか（活動テーマ、目標値）、どうやるのか（具体的な進め方、推進組織、スケジュール）、本当に効果が出るのか（率先垂範でやった成果、効果）を作業者全員に説明します。
　説明後、グループディスカッションをさせます。
　テーマは、なぜやらなくてはならないのか（会社の経営状況、課題の理解）、やらないとどうなるのか（自分達への影響）、阻害要件（活動するときの条件：人がいない、投資してくれないなど）、感想（一人一人の感じたこと）、決意表明（全員の総意）です。ディスカッションの結果は、全員で発表します。
　キックオフ終了後、トップ、管理・監督者、リーダーで組織した推進会議を開き、阻害要件への対策を検討します。その結果を、活動名、具体的な目標、推進組織、全体スケジュールに加え、トップメッセージを添えて、朝礼、書面、掲示板で全員に知らせます。
　この一連の手順を踏むことにより、作業者は「会社がそんなに言うなら、やってみようか」、「うん。やってみよう」という気持ちになります。

第5章 モラルアップへのアプローチ

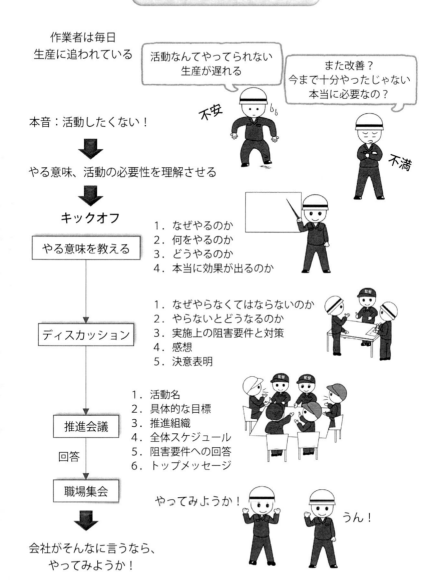

7 適切な目標を与える

　作業者がやる気になったら、各グループに具体的な目標を与えます。

　人は、目標が高すぎるとあきらめ感が生まれ、低すぎてもやる気が出ません。目標は、挑戦的ではあるが、達成可能なレベルに設定する必要があります。これを適切な目標と言います（ロック、レイサムの目標設定理論）。

　そして、最終的な目標は、適正な目標を積み上げていくことにより達成します（スモールステップの原理）。

　活動のスタート時は、グループの努力次第で達成できる目標を与えます。

　それをクリアしたら、その分実力も上がっているので、その実力アップ分＋α（適正量：5〜10％）の目標を与えます。こうして、目標を徐々に上げていき、最終目標に近づけていきます。

　目標を与える際に必要なのが、テーマの難易度の把握です。それに関しては率先垂範で事前に把握し、適切な目標を数段階決めておきます。

　ポカミスゼロへのアプローチは、即効果が出るNG/OKシートから始まり、標準整備に入り、徐々に難易度を上げ最終的にポカミスゼロを達成するように設計してあります。ですから、小集団活動でポカミスに取り組むのであれば、ステップに沿って進めることにより、結果、適切な目標を与え続けることになります。

　目標を与えたら、実際にやらせます。しかし、決して放っておいてはいけません。毎日現場に行き、声をかけ、活動の進捗をフォローします。わからないことがあったらアドバイスし、悩んでいることがあったら共に考え、対処します。これを**1日1回声かけ方式**と呼びます。この1日1回声かけ方式により、作業者は、管理・監督者が活動に強い関心を持っていることを感じ、やる気を継続します。

　逆に、活動がスタートしても現場にも行かず放っておくと、作業者は生産の忙しさを理由にいつの間にか活動を止めてしまいます。

第5章　モラルアップへのアプローチ

やる気になる目標

人は、目標が高すぎるとあきらめ感が生まれ、
低すぎてもやる気が出ない

↓

挑戦的ではあるが達成可能な目標を与える → 適切な目標
　　　　　　　　　　　　　（ロック、レイサムの目標設定理論）

↓

最終的な目標は、適切な目標を
積み上げていくことにより達成する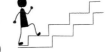
　　　　（スモールステップの原理）

徐々に目標設定を上げていく
　→ 最終目標に近づけていく

初めの目標をクリアすると、その分だけ力が付く
そうしたら、その力＋αの目標

初めは、努力次第で必ず達成できる目標

やらせる

毎日、現場に行き、声をかけ、アドバイスする

どう？　やってる？

1日1回
声かけ方式

8 成功させる

　成功体験は、人をやる気にさせます。

　小さな成功体験の積み上げが人のやる気を持続させ、最終的にチャレンジ精神を生みます。そしてチャレンジし、自分の力でそれを克服した体験が、「やればできる」という自信を生みます（バンデューラの自己効力感）。

　ですから、活動は成功させなくてはなりません。成功するのを待つのではなく、積極的に成功まで導くということです。その実現方法が、適切な目標設定と1日1回声かけ方式です。

　適切な目標を与え、適時アドバイスし、小さな成功を得たら、次の目標を与え、それも成功させます。それを繰り返し、チャレンジ精神が芽生えたら、チャレンジ目標を与え、全力で支援し成功させます。これにより、作業者は自信を持ちます。よく「自信を持て」と励ます人がいますが、言葉だけの叱咤激励では、人は自信を持てません。自信を持たせるには、成功が必要です。

　逆に、度重なる失敗体験は、これはもう自分の手には負えないという無力感を生み出し、やる気とチャレンジ精神を失わせます（セグリマンの学習性無力感）。

　ですから、活動を始めたら、成功するまで止めてはいけません。

　しかし実際の活動では、成功する前に内外からの圧力で一時止めてしまうことがよくあります。トリガーは、一部の作業者からのクレームや他部署からの横やりです。それらの圧力に負け、活動を一度でも止めてしまうと、「そんないい加減な気持ちで始めたのか」、「またはじめてもまた止めるんじゃない」と作業者は思い、二度と本気でやろうと思わなくなります。もともと作業者は活動をやりたくなかったのです。それにも関わらずキックオフし、その気にさせ、その挙句に止めるでは、どんな理由をつけようと作業者は納得しません。

　ですから、活動は一旦始めたら、成功するまで止めてはいけません。人の心は簡単にSTOP＆GOが効くような便利な構造にはなっていません。

第5章　モラルアップへのアプローチ

成功体験がやる気を持続させる

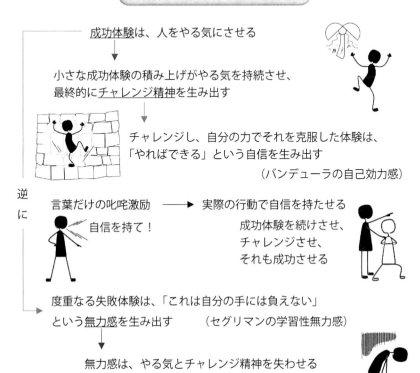

実際の活動

103

9 ほめる

　成功したら、すかさずほめます。成功しなくてもほめます。
　人の脳には、報酬系と呼ばれるシステムがあり、ほめられると刺激され、やる気が引き出されます。たとえ成果が上がらなくても、楽しくなくても、ほめられると報酬系システムが刺激され、またやる気になります（認知行動療法研修開発センター）。
　ほめるとやる気になることに関する理論はたくさんあります。
　♡人はほめられると、自分が認められたと感じ、やる気を出す（マズローの承認欲求）。
　♡ほめることを言語報酬という（慶應義塾大学・鹿毛雅治教授）。
　♡上司が部下をほめたり認めたりすることで、部下はやる気が出る。
　　その結果、組織への貢献意欲、一体感、評価・処遇への満足感、評価に対する信頼感が増し、組織と個人の関係強化が図れる（同志社大学・太田肇教授）。
　逆に、人はほめられないと、自分が認められていないと感じ、やる気をなくします。
　しかし、人は一度ほめられてもすぐに忘れてしまいます。そこで、ほめ続けることが必要となります。ほめ続けるには、現場に行き、作業者を見て、その場でほめるネタを見つけなくてはなりません。
　とは言っても、どうほめていいかわからないという人もいます。
　そこで、ほめことばベスト10を紹介します。
　第1位：いいね〜　　　　第2位：ありがとう
　第3位：さすが○○君　　第4位：頑張ってるね、頑張れよ
　第5位：成長したね　　　第6位：期待してるよ
　第7位：頼りにしてるよ　第8位：すごいね
　第9位：プロだね　　　　第10位：おまえのこと、オレは好きだな
　ほめるという行為は、モラルを上げるための最高の**ツール**なのです。

第5章　モラルアップへのアプローチ

ほめるは、最高のマネジメント

成功したら、すかさずほめる！
成功しなくても、ほめる!!

脳の中には、報酬系と呼ばれるシステムがあり、
ほめられると刺激され、やる気が引き出される。
成果が上がらなくても楽しくなくても、ほめられると報酬系が刺激される

（認知行動療法研修開発センター）

ほめることによるモラル向上に関する理論

♡人はほめられると、自分が認められたと感じ、やる気を出す

（マズローの承認欲求）

♡ほめることを言語報酬という（慶應義塾大学・鹿毛雅治教授）

♡上司が部下をほめたり認めたりすることで部下はやる気が出る

→　組織への貢献意欲、一体感、評価・処遇への満足感、評価に
対する信頼感が増す　→　組織と個人の関係強化が図れる

（同志社大学・太田肇教授）

逆にほめられないと、自分が認められていないと感じ、やる気をなくす

人は、一度ほめられても、すぐに忘れる

→　ほめ続けることが大切！

ほめるネタを見つけに
現場に行き、声をかける

ほめるは、モラルを上げるための最高のマネジメント

10 叱らない

　活動は、必ずしもうまくいくとは限りません。一生懸命やっても効果が出なかったり、失敗することはあります。そういうとき、決して叱ってはいけません。失敗の理由を追及する監督者もいますが、やってはいけないことです。作業者は、失敗した時点で反省しています。失敗の理由は、やる前にはわからなかったことです。だから、失敗したのです。それにも関わらず、失敗の理由を問いただされてもわかるはずがありません。

　そもそも失敗した理由は、監督者にあります。具体的には、目標設定のミス、アドバイス不足・ミス、失敗するまで放置したことの3つです。ですから、失敗した理由は自分にあるという自責の念を持ち、二度と失敗しないような目標を設定します。

　失敗したときは、理由を考えるのではなく、打開策を一緒に考えます。打開策をPlan-B、一からやり直す計画をPlan-Cとし、活動前に考えておきます。

　日本には、叱ることはしつけで、怒ることは威嚇だと区別し、叱ることを正当化する考え方があります。しかし、モラルが低下した日本の現場では時代錯誤的考え方です。叱られる人の感情から考えても間違いです。

　叱ることの次の段階として罰を与えるという行為があります。その罰を与えることに関して、スキナー（幼児学者）の罰を与えるマイナス効果という理論があります。著者は、それを叱ることもマイナス効果として置き換え、叱ることの難しさを訴えています。

・人は叱られると、反発心や抵抗心を持つ
・叱られた人との人間関係が悪くなる
・叱られたくないがゆえに失敗をおそれ行動が消極的になる
・失敗しても叱られないとわかると、失敗を気にしなくなる

　人を叱ることはしつけでもマネジメントでもありません。モラル面から考えると、叱るのは逆効果です。叱るのではなく、失敗を共有し、共に考え、共に行動するというのがこれからの時代の正道です。

第5章　モラルアップへのアプローチ

11 ワークショップでマンネリ化対策

　人は学習することにより確実に成長します。しかし、ある程度成長すると、その成長スピードが極端に落ちます。そうすると、自分が成長していないと感じ、行き詰まり感を覚えます。これを心理学用語で**プラトー現象（高原状態）**と呼びます。

　半年ぐらい活動をしているとマンネリ化してきます。その理由は、活動がうまくいかない、効果が出ない、阻害要件が解決されないまま放置されている、活動の進め方に不満、同じことの繰り返しに飽きた、何となくやる気がしないとさまざまですが、これはプラトー現象です。ですから、それぞれの理由に一つ一つ対策を打ってもマンネリ化は打破できません。

　マンネリ化対策として有効なのが、グループ間交流（ワークショップ）です。全社の小集団のリーダーを集め、職場の垣根を超え、グループ間でコミュニケーションを取ります。それにより、

・新たなアイデアが生まれ
・仲間意識が芽生え、一人じゃないと感じ
・共にチャレンジしていこうという気持ちになり、

またやる気になります（レヴィンの集団力学）。

　昼間のセッション後は、懇親会で更に親交を深めます。

　組織には、公式組織と非公式組織があります。公式組織は、会社の組織そのものです。非公式組織とは、特定の目的を持たず、個人的な関係で集まる集団です。非公式組織では、メンバー間の共通姿勢や習慣がつくり出され、仕事上では話せないことが話せ、メンバー間のコミュニケーションが促進され、職場で感じている孤独感や疎外感がなくなり、公式組織の機能を補完します（バーナードの組織論）。

　懇親会は、ただの飲み会ではありません。昼間の議論を深め、本音で話し、仲間意識を堅固にする非公式組織の役割を果たす会です。

　今も昔もこれからも**懇親会は人間関係の潤滑油**です。

第5章　モラルアップへのアプローチ

> 仲間とともに考える

人は学習することにより確実に成長する
↓
一定の成長後、成長スピードが極端に落ちる
↓
成長していないと感じ、行き詰まりを感じる

プラトー現象
高原状態

長く活動をしているとマンネリ化する：プラトー現象　　（開始から半年）

　　【理由】　活動がうまくいかない　効果が出ない　阻害要件の放置
　　　　　　　活動の進め方に不満　同じことの繰り返し　飽きた
　　　　　　　何かやる気がしない。。。
↓
マンネリ化対策：グループ間交流：ワークショップ　　（レヴィンの集団力学）
　　　　　　職場の垣根を超え、グループ間でコミュニケーションを取る

　　1．新たなアイデアが得られる
　　2．仲間意識が芽生える：
　　　　一人じゃないとわかる　　　　　　　　　　　　　　　やる気
　　3．共にチャレンジしていこう　　　　　　　　　　　　　　になる
　　　　という気持ちになる

懇親会

本音　がんばろう！

組織には公式組織と非公式組織がある
↓　　　　　↓
会社の組織図
特定の目的を持たず、個人的な関係で集まるしくみ
↓
懇親会

昼間の議論を深め、本音で話し、仲間意識を堅固にする
今も昔もこれからも、懇親会は人間関係の潤滑油

12 毅然と接する

　ここまでは、作業者に対し徹頭徹尾優しい姿勢を取ってきましたが、時には厳しい態度も必要です。

　実際の活動では、キックオフではそっぽを向き、活動にはほとんど参加せず、参加しても何も言わず、何もやらず、やれない理由だけを並べ活動を否定する人もいます。そういう人（達）に対しては、毅然と接します。

とことん話し合う

　活動の必要性を再度説明し、やらない理由を聞き、それに対しその場で解決策を提示し、やるように促します。

　それでもやらないときは、解決策を実施したのになぜやらないのかを聞き、やらないとどうなるのかを話し合い、納得させ、最後のチャンスとしてやるように言います。

　それでもやらないときには、活動から降りてもらいます。そのような人を放置しておくとグループ全体のモラルが低下してしまうためです。

グループをつくる

　普段からこの人は問題だなぁと感じていて、キックオフでもその態度が改まらない場合、そういう人達だけを集め1つのグループをつくります。

　グループの指導担当はスーパー監督者にし、真正面から対峙し、全員のモラルを上げながら活動を進めていきます。

　そうすると、反発し全く活動をしない人、猛然と活動し始める人、反省し元のグループに戻して欲しいと言ってくる人とさまざまな反応を示します。その反応を見て、1対1で話し合い、相手の希望に沿う対応をします。

　活動は会社の方針としてやっているものです。それに対し反抗的な人、やらない人には、**毅然とした態度で接し**なくてはなりません。そうしないとやらない方が得という雰囲気をつくってしまい、活動全体が停滞してしまいます。モラルは、放置しておくと低い方に落ちていきます。そのきっかけとなる人達を、放置しておいてはいけません。

第5章　モラルアップへのアプローチ

反発する人、やらない人への対応

キックオフで
そっぽを向く

活動に参加しない
参加しても何も言わない

やれない理由を言い
活動を否定する

2つの対策

とことん話し合う

| 1回目の説得 | 活動の必要性を再度説明 |

それでもやらない

やらない理由を聞く　→　解決策を提示
やるように促す

| 2回目の説得 | 解決策を実施したのに、なぜやらないのか
やらないとどうなるのかを説明 |

それでもやらない　　　→　最後のチャンスだからやるように言う

| 活動から降りてもらう | 反抗的な人を放置するとグループのモラルが低下する |

反抗グループをつくる

| 反抗グループをつくる | 反抗的な人、やる気のない人を集め、1つのグループにする |
| スーパー監督者が指導 | 真正面から対峙し、全員のモラルを上げる |

やらなきゃ
ダメ！

活動は会社の方針としてやっていること
反抗的な人、やらない人には、毅然とした態度で接する

> コラム

金銭的報酬

動機付けというと金銭的報酬を考えがちです。ここでは、金銭的報酬による動機付けの有効性を理論面から検討します。

　MBA理論では、
・金銭的報酬は、根本的には動機付けにならない。即効性はあるが、効果としては一時的。継続しないと不満を生む
としています。
　(加) トロント大学ゲーリー・ラトハムと (米) プリンストン大学ダニエル・カーネマンは、
・金銭的報酬は約800万円を超えると効果が薄くなる
と言っています。
　(米) ロチェスター大学エドワード・デシ教授は、
・報酬を与えるとやる気が低下するアンダーマイニング効果が出る場合がある
と言っています。
　これらをまとめると、金銭的報酬はモラルアップの根本対策にはならないし、副作用もあるということになります。

　著者はモラルアップのツールとして表彰を多用していますが、ある会社で、
「表彰は金銭的報酬ではないのですか」
と聞かれました。著者は
「違うよ。表彰は承認欲求を満たす施策で、モラルアップには有効だよ」
と答えました。
　とは言っても、ちょっとは金銭的報酬が付いていた方がもらった方はうれしいようです。ですから、ちょっとした副賞を付けています。
　理論では割り切れない矛盾。これも人ゆえだと思います。

尊敬される上司になる

1 モラルが上がらない

モラルアップへのアプローチの開発を終え、実際にやってみました。

ほとんどの職場で良い結果が得られたのですが、ある職場ではうまくいきませんでした。

その理由を監督者に尋ねると

「私は教えられた通りにやりました。ほめてもみました。」

という答えでした。

そこで、今度は部下の方々に

「最近、ボス、ほめるようになったでしょ。どう感想は」

と聞いてみました。すると、

「あの上司、嫌いなんです」

「ほめられると、余計にやる気がなくなるんです」

「なんか本気でほめてるって感じがしなくって」

という答えでした。

要するに、良い結果が得られなかった監督者は、部下から嫌われていたのです。

上司は会社が決めます。部下は選べません。組織に所属する以上、部下は上司の命令に従わなくてはなりません。しかし、部下といえども人間です。感情を持っています。好きな上司の命令には喜んで従い、納得できなかったら気軽に質問し、納得づくめで従います。しかし、嫌いな上司の命令には何も言わず嫌々ながらでも従います。その行動がモラルに影響します。好きな上司の下にいる部下は自ずとモラルが高くなり、嫌いな上司の下にいる部下は自ずと低くなります。ですから部下のモラルを上げるには、まず部下に好きになってもらう必要があります。

そこで、現場の作業者723人に対し、理想の上司に関するアンケート調査をしました。その結果、浮かび上がってきたのが**尊敬される上司の8原則**です。

＊ここからは上司と監督者を場面に合わせ使い分けます＊

第6章　尊敬される上司になる

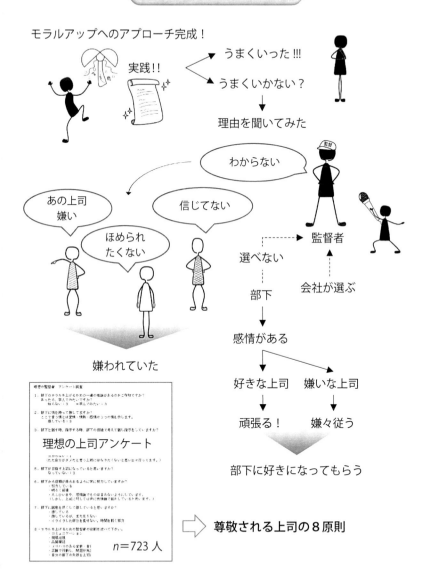

2 現場経験とリーダーシップ

原則-1：現場知識が豊富

やはり現場の監督者は、現場のことを詳しく知っていなくてはなりません。机上での理論ではなく、現場の体験で得た自分なりの知識が必要です。

体験を通した知識は頼りになります。現場は戦場です。現場の監督者は、最強の戦士でなくてはなりません。

原則-2：リーダーシップがある

監督者は部下を率いる現場のリーダーですから、リーダーシップが必要です。監督者に求められるリーダーシップは、3つの要件があります。

(1) 責任感

普段は部下に任せ、いざというとき先頭に立ち、指示し、解決する。失敗したときにはすべての責任を取る。それが、現場の監督者に求められる責任感です。しかし、部下に任せ切りではダメです。やって欲しいことを伝え、理解させ、実施プランを出させ、定期的にフォローする。それが任せるということです。

(2) 行動力

行動力は、決断力と言ってもよいと思います。こうと思ったら、即、行動する。ためらいのなさは、自信の表れです。その自信に現場はついてきます。行動力、決断力の源は、自信にあります。自信は、数々の問題を解決してきた経験により身に着きます。

(3) 精神的にタフ

どんな苦しいときでも、元気で、悩まず、愚痴を言わない。逆にそんなときこそジョークを言い、みんなを落ち着かせる。現場の監督者は、精神的にタフでなくては務まりません。

1頭のライオンに率いられた羊は、1匹の羊に率いられたライオンの群に勝る（ナポレオン）。現場の監督者は、ライオンでなくてはなりません。監督者は、現場の作業者達を最強の軍団に変貌させます。

第6章 尊敬される上司になる

監督者は現場を最強の軍団に変える

原則－1：現場知識が豊富

現場の体験で得した知識 → 頼りになる ↓ 最強の戦士

原則－2：リーダーシップ

（1）責任感　　　（2）行動力　　　（3）精神的にタフ

最後の責任を取る　　思ったら、即、行動　　愚痴を言わない

現場を最強の軍団に変貌させる

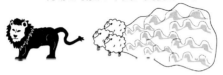

1頭のライオンに率いられた羊は、1匹の羊に率いられたライオンの群に勝る
（ナポレオン）

3 わかりやすく、安心でき、頼りになる上司

原則－3：頼りがいがある

　頼りがいのある上司とは、わかりやすく、安心でき、この人の下にいて良かったという気持ちになれる上司です。そう感じる場面は、3つあります。

(1) 哲学とビジョンを持っている

　哲学というと一瞬難しく感じますが、ここでいう哲学とは、仕事や部下に対する基本的な姿勢です。誠実、けじめなどの言葉で表されます。手帳の最初や最後のページに忘れないように書いておいたり、みんなの前で言ったりします。哲学は行動に一貫性を持たせ、行動、態度のブレを防ぎます。

　ビジョンとは、職場をこうしたいという将来像です。モノづくり世界一を目指すなど、プラカードとして職場に貼っておきます。ビジョンを明確にすることにより、作業者は自分がどこを目指し仕事をするかがわかります。

　哲学、ビジョンは、強い意志の表れであり、部下へのメッセージです。部下は、哲学とビジョンを知ることにより上司をより深く理解します。

(2) ゆったりとした構え

　メイヨーは人間関係論の中で、監督者の姿勢はゆったりとして親しみやすい方が良い。作業者たちをよく理解しようとし、会社の方針や手続きにそれほどこだわらないと更に良いとしています。

　監督者がゆったり構え小さいことにこだわらないことにより、作業者は安心感を持ちます。

(3) 交渉力がある

　現場で作業をしていると他の職場と揉めることがあります。頼まなくてはならないことも発生します。そういうときに、俺に任せろ、の一言で他職場と交渉をしてくれる上司は頼りがいがあります。交渉力＝影響力です。他職場への影響力＝自職場のプライドです。このプライドは、この上司の下で働いていて良かったという気持ちにさせてくれます。

頼りがいの3条件

（1）哲学、ビジョンを持っている

（2）ゆったりと構え、親しみやすい

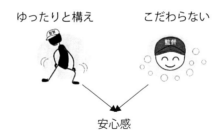

（3）交渉力がある

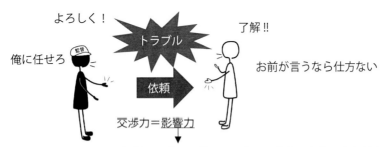

4 みんなから愛される上司

原則-4：人間的魅力がある

　職場を越えてみんなから愛される上司とは、人間的魅力がある上司です。

　著者が、人間的魅力があると思っている人が西郷隆盛です。そこで、人間的魅力の定義を西郷隆盛に求めました。海音寺潮五郎はその著書の中で、西郷隆盛の人間的魅力を8つ挙げています。著者はその中から、現場の監督者に必要な3つの性格を選びました。

(1) 情にあつい

　部下に愛情を持っている上司は、部下からも愛されます。人の心は鏡です。上司が自分を思ってくれている気持ちは伝わります。もちろん、その逆の気持ちも伝わってしまいます。

　発表会などで部下の発表を聞き、涙を流している上司をよく見ます。そういうとき、この人は情にあつい人だなぁと思います。情のあつい上司に対して部下は一生懸命やるという行動で気持ちを返します。

(2) 誠実

　誠実は、人の生き方の基本です。

　嘘をついたり、ごまかしたり、手を抜いたりせず、何事にも真剣に向き合い、最後まで徹底的にやる。上司のそういう姿勢は部下に伝わり、自分もそうでありたいと願うようになります。

(3) 潔さ（いさぎよさ）

　上司といえども人間です。間違いや失敗はあります。そういうとき、自分の非を素直に認め、謝り、改める。そういう潔い上司を部下は尊敬します。逆に、自分の非を認めず、謝らない上司を部下は軽蔑します。

　潔さは、かっこよさです。現場はかっこいい上司が大好きです。

　以上をまとめてみると、みんなから愛される人間的魅力のある上司とは、人としての生き方が見事な人と言い換えてもいいと思います。

西郷隆盛に見る人間的魅力とは

人間的魅力

- 英雄的な風貌
- ものに動ぜず山のように沈着な態度
- 決断するときのすざましさ
- 勇気
- 誠実
- 潔癖な心
- 人の長所に素直に感心する謙虚さ
- 豊かな愛情

（1）情にあつい

上司の愛情は
部下に伝わる
↓
部下は一生懸命
仕事をする

（2）誠実

誠実は、人の生き方の基本
嘘をつかない
ごまかさない
手を抜かない
何事にも真剣に向き合う
最後までやり切る

上司が誠実
↓
部下も誠実になる

（3）潔さ（いさぎよさ）

過ちは誰でもある
↓
自分の非を素直に認め、謝り、改める

5 頭がいい上司は尊敬される

原則－5：知性がある

　監督者には、知性も必要です。知的な上司を部下は尊敬します。

(1) 論理的思考

　現場の基本的な問題解決法は、KKD（勘・経験・度胸）です。これは、第1原則で挙げた現場経験をベースにしており、今まで経験したことがある問題には、即効性があり有効です。しかし、今まで経験したことのない問題、長年解決できないで悩まされた問題に対してはお手上げ状態になってしまいます。

　そういうとき、問題の本質を見抜き、原因を見つけ、対策を指示し、解決まで導く。それが、現場の監督者に求められる論理的思考です。そうすると、「うちのボスは頭がいい」と尊敬されます。

(2) 柔軟な思考

　現場には長年解決できない問題が存在します。それは、従来の考え方では解決できなかった問題です。それにも関わらず、従来の考え方で解決しようと同じことを繰り返す人がいます。それを固い思考と言います。

　それに対し、従来の方法にこだわらず、目的を達成するために他に方法がないかと考え、新しい考え方で解決しようとする。これが柔軟な思考です。柔軟な思考により、今まで解決できなかった問題を解決できる可能性が出てきます。毎日問題だらけの現場の監督者は、柔軟な思考を持たなくてはなりません。

(3) バランス感覚

　現場のマネジメントは、知（知識、知性）に偏り過ぎても、情（愛情、人間性）に偏り過ぎてもいけません。知と情のバランスは、日常では2：8、非常時で8：2です。現場の監督者は、その時々において知と情のバランスを変える必要があります。バランスは、知で情をコントロールすることにより取れます。

第6章 尊敬される上司になる

知性の3本柱

知性は、論理的思考、柔軟な思考、バランス感覚の3つの柱で構成される

(1) 論理的思考

現場：KKD（勘、経験、度胸）　　上司：論理的思考で解決

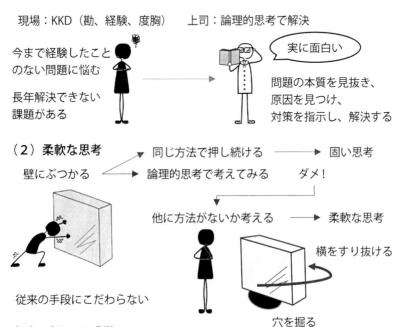

(2) 柔軟な思考

(3) バランス感覚

現場のマネジメントでは、知と情（人間性）のバランスを取ることが必要

日常　　知：情＝2：8
非常時　知：情＝8：2

バランスは、知で情を
コントロールすることで取る

123

6 部下との接し方

原則－6：部下第一

部下あっての上司です。監督者は部下第一の姿勢が大切です。部下との接し方にその姿勢が顕れます。

(1) 常に気にかける

部下は、上司が自分をどう思っているか、自分をちゃんと見ていてくれているかを気にしています。常に気にかけてくれているとわかると、安心し仕事を頑張ります。ですから、常に見てるよ、気にしてるよ、という姿勢を見せなくてはなりません。

(2) まず聞く

部下が意見や不満を言ってきたとき、もしそれに反論があっても、まずは聞きます。何か新しいことを始めるときも、どうやったらいいか部下の意見を聞きます。そして、もし部下に意見がないときには自分の意見を言います。

まず聞くことにより、部下が意見や不満を言いやすい環境を整えます。また、自分の施策に部下の意見を反映することにより、現場マネジメントへの参画意識を植え付け、自分の意見に対する責任感を持たせます。

上司から出た意見はすでに命令になっています。そのことを自覚し、まずは聞くことを心がけます。

(3) 部下の実力に合わせ指示する

上司は経験が豊かで部下より仕事ができます。その経験から「この程度のことはできるだろう」と自分の実力に合わせた指示をしてしまいがちです。部下はそう言われると、「はい」と答えざるを得なくなります。しかし、それができず上司に叱られると、「だったら自分でやってよ」という気持ちになります。

上司は、自分の実力に合わせて指示するのではなく、部下の実力に合わせて指示しなくてはなりません。もし部下のアウトプットが、満足する結果でなかったとしても、自分が部下の立場であったときの実力を思い出し、寛容に接しなくてなりません。

7 礼節をわきまえている

原則ー7：年によって部下との接し方を変える

　日本は、地位より年齢を重視します。年上を敬い、年下をかわいがるのが日本の伝統です。ですから、年齢に配慮せず部下と接すると、常識を疑われます。年によって接し方を変えることは、**礼儀**に当たります。

年上の部下

　敬語を使います。頼りにしているという姿勢を示し、やって欲しいことをはっきりと伝え、助けを求めます。

　タブーは、プライドをキズ付けないこと。そのためには、何にプライドを持っているかを知る必要があります。現場に長年いれば1つや2つ自慢の種を持っています。その自慢の種をほめると親密さが増します。ほめることで尊敬の念も示せます。

同期の部下

　やりたいことを知らせ、意見交換し、相互理解の上で決めます。実行は任せ、最終責任は取ります。夜は同期に戻り、飲み会。協力を求めます。

　気を付けなくてはならないことは、上司面をしないことです。

年下の部下

　仕事＝教育と考え、具体的な目標を与え、やり方を細かく教え、丁寧に指導します。このことで尊敬の念が芽生えます。

　気を付けなくてはいけないことは、自分の考え方と年下の部下の考えが違っても否定しないということです。時代や年齢によって考え方は変わります。違って当たり前というスタンスで会話に臨みます。また、日本では年齢を重視すると言いましたが、その考えが通じない場合もあります。そのときには、年齢への配慮を教えるのも教育です。

　すべての部下に対して注意すべきことは、どんなに親しくなっても人格を否定するようなことは言わないということです。それが**節度**です。

部下との接し方で礼節を示す

● 地位＜年齢　→　年によって接し方を変える　→　**礼儀**

年上の部下

「さすが○○さん」

- ◎ 敬語
- ○ 頼りにしているという姿勢を伝える
- ○ やって欲しいことをはっきり伝え、助けを求める
- × タブー：プライドをキズ付けない
  →自慢の種をほめる

同期の部下

- ○ やりたいことを知らせ、意見交換し、相互理解の上で決める
  →実施は任せる　→最終責任は取る
- ◎ 夜は懇親会：同期に戻る
  　　　　　　→協力を求める
- × タブー：上司面をしない

「頼むよ」「任せろ」

年下の部下

- ◎ 仕事＝教育
- ○ 具体的な目標を与え、やり方を細かく教える
- × 考え方が違っても否定しない
  年が違えば考え方も違うというスタンスで臨む

節度：どんなに親しくなっても、人格を否定するようなことは言わない

8 現場では信頼関係が大切

原則-8：信頼関係がある

　仕事は共同作業であり、お互いの信頼関係が必須です。信頼関係は自然にできるものではなく、お互いの行動で構築していくものです。

　監督者は、3つの行動により部下との信頼関係を築いていきます。

(1) 公平に評価する

　部下は評価を気にします。待遇に直結するからです。不公平な評価は、信頼を失います。評価は公平にしなくてはなりません。

　公平に評価するには、評価基準を明示し、それに沿って評価します。評価に対し不満を訴えてきたら、評価プロセスと結果を丁寧に説明します。しかし、どんな理由があっても一度決めた評価を覆してはいけません。そのこと自体が評価の公平性を損なうことになってしまうからです。

(2) 信頼し任せる

　作業者は、賃金や待遇よりも自分達の作業・職場環境を自分で変えられる権限を与えられるとやる気を出します（メイヨーのホーソン実験）。

　作業者のモラルが上がったら、現場の任せられることは任せます。

　部下は信頼し任せられると、うれしく思い、責任を感じ、努力するようになります（松下幸之助・指導者の条件）。

　部下は、任せられるとそれに応えるために努力します。

　信頼し任せることは、部下の自主性を育てることにもなります。

(3) 育てる

　部下を育てるとは、人間の尊厳を教えることです（松下幸之助・指導者の条件）。

　上司は部下に、仕事の意味、果たすべき役割、一人一人が会社にとってなくてはならない存在であるということを教えます。それにより部下は、自分の存在意義を知り、会社や職場とのつながりを意識し、自分が果たさなくてはならない使命を悟り、自助努力し始めます。

3つの行動で信頼関係を築く

（1）公平に評価する

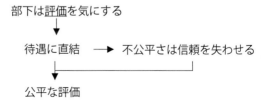

部下は評価を気にする
↓
待遇に直結 → 不公平さは信頼を失わせる
↓
公平な評価
　評価基準を明確にし、それに沿って評価
　評価プロセスと結果を説明

（2）信頼し任せる

作業者は、賃金や待遇よりも、自分達の作業・環境を自分達で変えられる権限を与えられるとやる気を出す（メイヨーのホーソン実験）

部下は信頼し任せられると、うれしく思い、責任を感じ、努力するようになる（松下幸之助・指導者の条件）

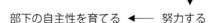

モラルが向上　→　現場に任せられることは任せる

　　　部下の自主性を育てる　←　努力する

（3）育てる

部下を育てるとは、人間の尊厳を教えること（松下幸之助・指導者の条件）
↓
仕事の意味、果たすべき役割、一人一人が会社にとってなくてはならない存在である
↓
自分の存在意義を知り、会社や職場とのつながりを意識
↓
自分が果たさなくてはならない使命を知り、自助努力を始める

9 嫌われることはしない

　理想の上司に関する調査で興味深かったのは、理想の上司とはどんな上司ですかと聞いているにも関わらず、こういう上司は嫌いという回答が多く寄せられたことです。

　会社に入ったときから尊敬できない上司の下にずっといると、どういう上司が理想の上司であるかわからないようです。

　アンケート結果から、嫌な上司は9つのことをしています。

- 口うるさい
- 細かい
- しつこい
- 上司にゴマをする、失敗の責任を負わせる
- 成果のみ求める
- 方針をコロコロ変える
- えこひいきする
- すぐ怒る、失敗の理由を追及する、威圧的
- だらしない

　これらをみると、嫌われて当然と思います。

　監督者も昔は作業者。自分が作業者であったとき、上司をどう思っていたかを思い出せば、自分が何をやると好かれて、何をやると嫌われるかわかるはずです。しかし、どういう訳か偉くなるとそのときの気持ちを忘れてしまいます。

　監督者は、直接作業をするのが仕事ではなく、作業者に最高のパフォーマンスを出させるのが仕事です。作業者が人である限り、感情で働き方が変わります。この人のためならと思えば一生懸命働きますし、この人は嫌いと思えば必要最低限のことしかしなくなります。監督者にとっては、作業者に慕われ、尊敬され、好きになってもらうのも仕事です。そのことを忘れずに、ここにある作業者から嫌われる9つのことはしないように心がけなくてはなりません。

第6章 尊敬される上司になる

監督者は、作業者に最高のパフォーマンスを出させるのが仕事
↓
好かれるのも仕事

コラム

人は環境の生き物

「部下のモラルが低いので上げて下さい」
という依頼をよく受けます。
　その時、つい
「それはあなたのモラルが低いからではないですか」
と言いそうになります。
　部下のモラルが低いのは、上司のモラルが低いからです。部下のモラルは自分のモラル。すべて自分の責任という自責の念を持ち、自分の努力で部下のモラルを上げて欲しいと思います。
　ことわざがあります。

橘化して枳となる

　橘という種をある地域に植えると、優しそうな葉を茂らせおいしそうな実を付けます。しかし別の地域に植えると、刺々しい葉を身にまとい中身がスカスカの実を付けます。この現象は、同じ種を植えても環境が変われば、葉も実も変わってしまうという事実を示しています。
　初めからモラルの低い新人はいません。部下がどう育つかは、上司次第です。あ～この人の部下になって良かった、と思われる上司になって欲しいと思います。

第7章

AIを駆使した
ポカミス対策

1 どうしてもゼロにできないミス

　検査ミス、入力ミス、判断ミスは、どうしてもゼロにできないミスです。

人に頼った検査の欠陥

　人による検査では、検査員一人一人の判定にバラツキが生じます。そのバラツキは、経験によっても広がります。また、その日の体調によっても判定が変わります。そして一度見逃すと過剰検出ぎみになり、過剰検出し過ぎると見逃しが増えるという不安定さもあります。つまり、人に頼った検査には、人ゆえのバラツキが生じ、結果的に見逃しと過剰検出が常に出ることになります。

　そこで、どの現場でも一度は自動検査に移行します。しかし、現在の自動検査システムは誤判定が多く、賢くならないという欠陥を持っています。

　人に頼った検査から脱却するには、自動検査システムの誤判定を減らし、自ら賢くなっていくシステムを導入するしかありません。

作業者はデータ入力が嫌い

　作業者はデータ入力が嫌いです。それは、作業者がデータ入力を自分の仕事だと思っていないからです。それに加えデータ入力は作業のリズムを崩すので、まとめて入力します。真面目に入力してもミスは避けられません。タブレットを導入する企業がありますが、その試みは失敗しています。

　作業者にデータ入力をしてもらうには、どうしたら喜んで入力してくれるか、ということを考えなくてはなりません

判断ミスは結果

　判断は、考え行動した結果でしか正しさがわかりません。また一度正しかった判断も、次の時には正しいとは限りません。また判断の的中率は経験によっても変わります。判断ミスは、判断の根拠の薄さと情報量の少なさにより発生します。

　判断ミスを減らすには、判断を下す根拠となる理論や経験則と十分な情報が必要になります。

第 7 章　AI を駆使したポカミス対策

なぜ、3 つのミスはゼロにならないか

検査ミス、入力ミス、判断ミス ──→ どうしてもゼロにできないミス

人に頼った検査の欠陥

一人一人の判断にバラツキがある
＋
体調によってもバラつく
＋
一度見逃すと過剰検出ぎみになり、
過剰検出し過ぎると、不良が増える

× **自動検査へ移行** ←── 常に見逃しと過剰検出がつきまとう

　　誤判定が多い　＋　システムが賢くない

作業者はデータ入力が嫌い

データ入力を自分が必要だと思っていない
作業のリズムを崩す

　　　　　　　　　　　　　面倒臭い
　　タブレットでも結果は同じ
　　　　　　　　　　　　　まとめ入力

入力ミス

どうしたら喜んで入力してくれるかを考える

判断ミスは結果

考え ──→ ひらめき ──→ 行動 ──→ 結果 ──→ NG ──→ 判断ミス
　　　　　　　　　　　　　　　　　　　↘
　　　　　　　　　　　　　　　　　　　OK
　　　　　　　　　　　　　　　　　　　↓
　　　　　　　　　　　　　　　一度正しかった判断も
　　　　　　　　　　　　　　　次のときに正しいとも限らない

判断の的中率は、経験により変わる

判断ミスを減らすには、根拠と十分な情報が必要

2 AIでゼロにする

従来の改善ツールの限界

　3つのミスをゼロにできないのは、従来の改善手法の限界が原因です。従来の改善手法は人の肉体労働を対象にしており、検査、入力、判断など頭脳労働を対象にしていません。だから従来の改善ツールでいくら改善をしても、これらの3つのミスはゼロにならなかったのです。

　そこで、頭脳労働を改善する新たなツールとして、AIを使い、これら3つのミスをゼロにすることにしました。

AIとは

　AIとは、Artificial Intelligenceの略で、日本語では、人工知能と訳されます。要するに、人の脳をコンピュータで代用するしくみです。

　人の脳は、見る、聞く、考えるという3つの機能を持っています。3つのミスはこれらの機能に関する欠陥です。この3つの機能をAIで代用させ、ミスをゼロにします。

　具体的には、見るという機能をAIの画像認識に替え、AIによる自動外観検査で検査ミスをゼロにします。

　聞くという機能はAIの音声認識に替え、音声認識によるデータの自動入力で入力ミスをゼロにします。

　この画像認識と音声認識で使うテクノロジーは、ディープラーニングと呼ばれるものです。ディープラーニングは、人の脳を模したコンピュータプログラムであり、今、最も注目されているAIです。

　考えるという行為は推定に替え、AIアドバイザーにより判断ミスを減らし、最終的にゼロにします。

　ここで使うAIは、エキスパートシステムと呼ばれるものです。エキスパートシステムは初期のAIで、専門家の判断手順をプログラミングしたシステムです。このエキスパートシステムは、将来的にはディープラーニングに置き換えます。

第7章 AIを駆使したポカミス対策

従来の改善の限界を AI で打破する

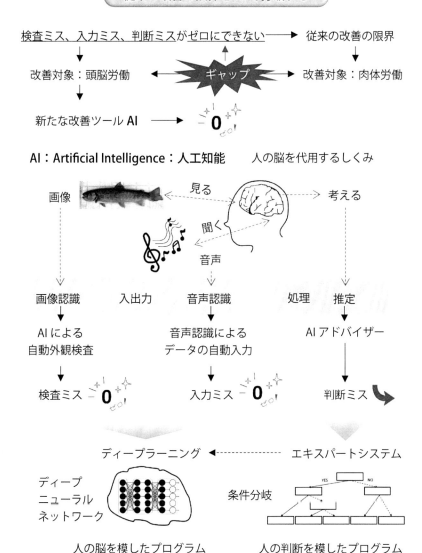

137

3 AIによる自動外観検査

　AIは、用途により処理手順（アルゴリズム）が変わります。ここでは異物不良自動検査システムで学習、判定、運用の流れを説明します。

⓪システムを稼働する前に事前に画像と名称をペアにしてデータベースに登録します。登録することを学習、登録された画像を登録済みパーツと言います。AIの精度は、この事前登録の画像（データ）数で決まります。求める精度が出たら、オフラインでテストします。

①検査機の画像がAIシステムに送られます。

②送られた画像は細かいパーツに細分化され、複数のフィルターにより特徴抽出という処理をされ、特徴パーツに変換されます。

③特徴パーツは、登録済みのパーツと比較され、同じか、似ているか、違うか、全く違うかを確率（％）で判定します。

④判定結果と画像は、検査員に送られます。

⑤検査員は、現場に行き現物を確認し、合格か、不合格か、保留かを判定し、その結果をシステムに打ち込みます。

　次回の判定では、この検査員の入力した結果が反映され、判定精度が徐々に上がっていきます。これが、学習して賢くなるという機能です。

　判定精度がある一定の基準に達したら、80％以上が不合格（異物不良あり）、20％以下が合格（異物はあるが規格内）、20～80％を保留（再判定、学習対象）と決め、検査機に組み込みます。

　組み込まれた後は、保留が出たら⑤の処理により精度を上げていきます。

　検査員は、目視検査という肉体労働から解放され、保留が出たらシステムに学習させるという頭脳労働に仕事をシフトします。保留の判定は複数の検査員がじっくり時間をかけ話し合いながら行います。これにより、判定精度が大きく向上します。

第7章 AIを駆使したポカミス対策

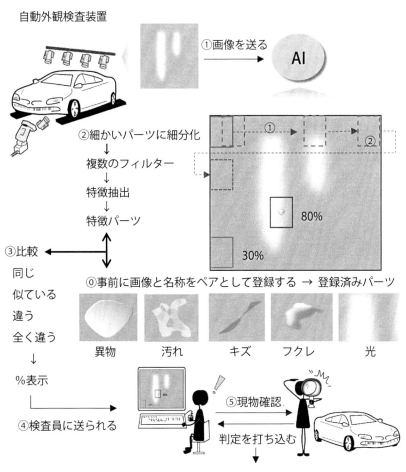

4　音声認識によるデータの自動入力

　音声認識によるデータ自動入力は、10の手順で構成されます。
①作業者の音声は、波形としてシステムに入力されます。
②入力された音声波形は、雑音処理でノイズが取り除かれ、区間検出で音声の区切りをはっきりした状態で音響モデルというシステムに入力されます。
③音響モデルは、連続した音声を音の最小単位である音素に分解します。
④音素は、単語辞書により意味のある単語として組み立て直されます。
⑤組み立て直された単語は、言語モデルというシステムに入力され、文章としてつなぎ合わされます。
⑥つなぎ合わされた文章は、文法辞書により文法的に正しく整えられます。
⑦ここまでの処理を経て、入力された音声はコンピュータ上で処理可能なテキストデータに変換されます。
⑧変換されたテキストデータは、事前に登録された基準データ、入力手順と比較され、未入力、入力ミス、異常値、正常値を検出します。
⑨未入力、入力ミスがあれば、作業者に知らせ、再入力を促します。
　異常値であれば、作業者と監督者に連絡します。
　正常値であれば、データベースに格納されます。
⑩格納されたデータは必要時に報告書としてまとめられます。
　実際現場に導入してみると、初めは話しかけることを恥ずかしがっていた作業者が、そのうちシステムとの会話を楽しみ、喜んでデータを入力するようになりました。その結果、作業者が感じていたデータ入力に対するやらされ感が薄まり、自分の作業とデータ入力が一体化し、データの未入力、入力ミス、まとめ入力を自分の意志でなくす努力を始めました。
　タブレットを導入して失敗した企業も、この音声入力機能を付加することでデータ入力をさせることが可能になりました。

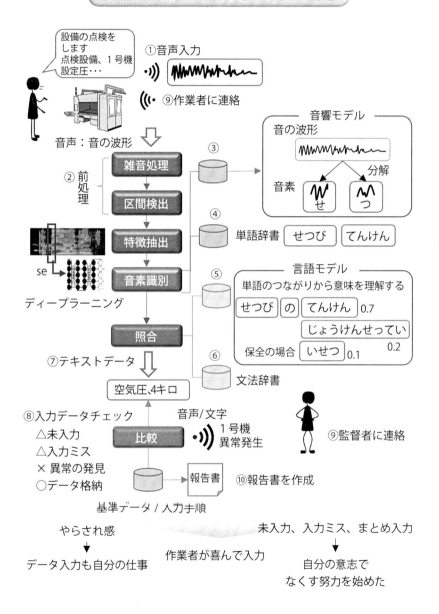

5 AIアドバイザーで判断ミスをなくす

　トラブルが発生し悩んだとき、担当者は誰かに聞いたり、資料を調べたりします。しかし、その間にもトラブルの影響は出続けています。結局は時間がないということで、自分で判断し処置します。それが判断ミスだと、トラブルを長引かせ、拡大させてしまいます。

　そのような状況をAIアドバイザーで解決します。AIアドバイザーは、決定木システムとレコメンドシステムの2つで構成されます。決定木システムは判断手順を標準化し、レコメンドシステムは判断基準をデータベース化します。

　人は判断するとき2つの選択肢から1つ選びます。これを条件分岐と言います。この条件分岐プログラムが決定木システムです。このシステムは判断手順を標準化し、はい／いいえで答えていくことにより判断を進めます。しかし決定木システムは、多くの判断基準を入れられないという弱点を持ちます。

　その弱点を補うためにレコメンドシステムを併用し、決定木システムで欲しい回答が得られないときに使います。このシステムは、最適な回答と類似した答えを提供します。人の判断精度は、複数の選択肢を与えられるごとに上がります。入力は音声で、出力は音声と画面で行います。新たに得た情報はシステムに学習させ、次に同じようなトラブルが起きたときに別の人でも対応できるようにします。こうして、学習させた分、賢くなり、回答精度が上がっていきます。

　AIアドバイザーにより、トラブル時の判断ミスが減り、その分トラブル対応時間が短くなり、2次的損害を最小限に抑えられます。また難しいと言われるエンジニアの技術伝承も可能になります。

第7章 AIを駆使したポカミス対策

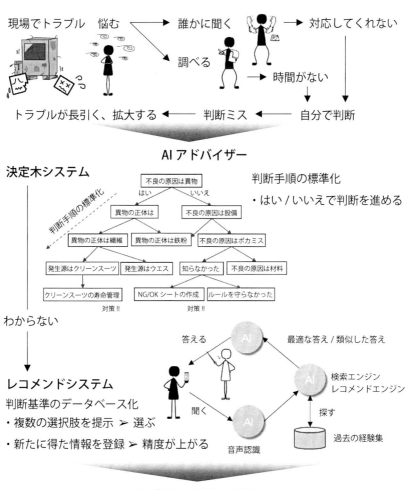

> コラム

AIの可能性と役割

　AIの正確性は1970年から徐々に上がり続け、2010年から急激に上がり、2015年に人を追い越しました。
　これは、**AIが人の頭脳労働の代わりに使える**ということです。
　AIにできる単純頭脳労働はAIにやらせ、人は、考え、現場で新たな事実を見つけるといった創造的頭脳労働をやる。そういう役割分担ができるようになりました。
　人とAIで役割を分担することにより、人のやるべきことに時間を使え、失敗・ミスの少ない質の高い仕事ができるようになります。
　AIの精度向上は、仕事の質を向上させる可能性を秘めています。

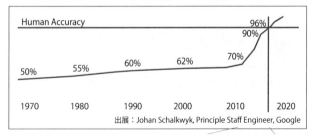

AIの正確性は、2010年から急激に上がり始め

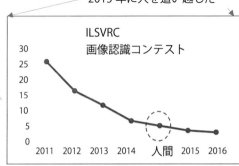

2015年に人を追い越した

ポカミスゼロへの
アプローチ

1 基本的な進め方

　ポカミス対策の基本的な進め方は、要因を見つけ対策するという定石アプローチです。26の要因に対応した対策は20あり、改善的アプローチは3つあります。それにモラルアップとAIの活用が加わります。

総合対策

　小集団活動でポカミス対策を進めるときに使うアプローチです。

　NG/OKシートの作成、標準整備、うっかり対策と難易度の少ない順に改善を進めます。実施期間は1年から2年。ポカミス対策を通し、働きやすい職場をつくります。終了したら個別対策で日常管理にします。

個別対策

　ポカミスが発生するたびに、監督者が作業者に質問し、現場をチェックし、原因を見つけ対策します。最終的には、現場の作業者は自問自答により原因を見つけ、対策が打てるようになります。

共通認識

　ポカミスチェックシートを使い、作業者と管理・監督者にポカミスの要因を挙げてもらい、作業者と管理・監督者、職場と職場の認識のずれを明確にします。対策は、職場全体、全社で打ちます。1日研修やワークショップで使います。

モラルアップ

　モラルアップは、主に総合対策と一緒に進めます。しかし、個別対策、共通認識にもモラルアップの要素は入っています。3つのアプローチのすべてのプロセスでモラルをアップしていきます。

AIの活用

　AIは、3つのアプローチと関連付けすることなく、検査ミス、入力ミス、判断ミスに絞って活用します。なぜなら、3つのアプローチ中の実施事項とAIの活用は全く関連がないからです。3つのミスに対しては、いきなりAIを活用するのが効率的、効果的です。

第8章　ポカミスゼロへのアプローチ

3つの定石アプローチ＋モラル＋AI

4つのモード		要因		対策
知らなかった		そのまま流した、修理して流した ポカミスのルールがない		①ポカミスルール決め
		ロスコストとしてとらえていない		②ロスコストの計算
		ポカミス作業がわかっていない		③NG/OKシート
ルールを守らない		自己流 標準がない、標準の不備 教育・訓練のしくみの欠陥		④標準作成 ⑤標準整備 ⑥ビデオによる教育・訓練
		モラルの低下		⑦モラルマネジメント
		任せ切りの職場		⑧尊敬される上司になる
うっかり	作業始め	中断、声かけ、ルールがない		⑨声かけ禁止のルール
		手待ち		⑩片づけ
		作業前点検不足、片づけ不足		⑪作業前点検
	作業中	疲れ ストレス	長時間労働	⑫自主的休憩
			寝不足・体調不良	⑬体調管理
			急いでいる	⑭都合管理
			作業環境が悪い	⑮環境改善
			雑然とした職場	⑯整理・整頓
			作業がやりにくい	⑰作業改善
			無理な生産計画	⑱生産計画の見直し
			バランスが悪い	⑲バランスロス改善
限界作業		検査ミス、入力ミス、判断ミス		⑳AIの活用

⇩

3つのアプローチ　・個別対策
　　　　　　　　・総合対策　　＋モラルアップ＋AIの活用
　　　　　　　　・共通認識

2 総合対策

　ポカミスは、小集団活動のテーマとして最適です。その理由は、ポカミスは作業者一人一人の問題であり、対策の効果が実感でき、みんなで理想の職場をつくっていけるからです。

　総合対策は、小集団がポカミスをテーマとして活動するときに使うアプローチです。5つのステップで進められます。

1. ポカミスに対するルール決め

　ポカミスに対するルールを決め、潜在ポカミスを顕在化します。

2. ロスコストの算出

　顕在化したポカミスに対しロスコストを計算し、ワースト－1から20まで順位付けをします。

3. NG/OKシートの作成

　ワースト－1のポカミスからNG/OKシートをつくります。そして再発するか見ます。もし再発しなければ、知らなかったが原因です。再発したら、ルールを守らないかうっかりが原因となります。その場合には、標準整備、うっかり対策と進みます。

4. 標準整備

　ない標準をつくり、標準を整備し、ビデオ標準化し、新たな教育・訓練のしくみをつくります。その後、教育・訓練を実施し、新人教育、多能工化、ローテーションを進めます。

5. うっかり対策

　ここまで対策しても発生するポカミスはうっかりです。声かけ禁止、作業前点検の徹底、自主休憩の推進、体調管理、都合管理、環境改善、生産計画の見直しなど細かい改善の積み重ねでうっかりしにくい環境をつくっていきます。これが、結果として理想の職場になります。

　実際に進める際には、監督者はモラルアップへのアプローチを実践し、作業者のやる気を維持し、自信をつけさせ、自主活動まで導きます。

第8章 ポカミスゼロへのアプローチ

ポカミスをなくし理想の職場をつくる

総合対策は、小集団活動のテーマとして最適

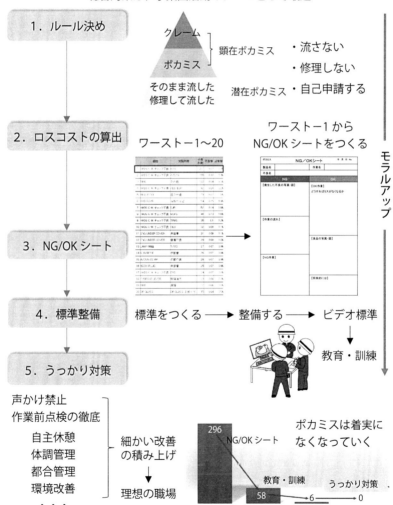

1. ルール決め
2. ロスコストの算出
3. NG/OKシート
4. 標準整備
5. うっかり対策

- 声かけ禁止
- 作業前点検の徹底
- 自主休憩
- 体調管理
- 都合管理
- 環境改善
- ・・・

→ 細かい改善の積み上げ → 理想の職場

顕在ポカミス
・流さない
・修理しない

潜在ポカミス
・自己申請する

そのまま流した
修理して流した

ワースト1〜20

ワースト1からNG/OKシートをつくる

標準をつくる → 整備する → ビデオ標準 → 教育・訓練

モラルアップ

ポカミスは着実になくなっていく

NG/OKシート 296
教育・訓練 58
うっかり対策 6 → 0

3 個別対策

　個別対策は、質問により要因と対策を探していくアプローチです。ポカミスが発生したら、そのポカミスを出した作業者（グループ）に、質問をします。
　「ミスしたけど知ってた」
　その問いに対し、
　「知りませんでした」
という答えであれば、NG／OKシートを作成し、学習します。
　「知ってました」
という答えであれば、それはポカミスに対するルールを守らなかったことを意味するので、
　「なんでルールを守らなかったの」
とその理由を聞きます。ここで作業者を叱ってはいけません。作業者には作業者なりのルールを守れない理由があるかもしれないからです。守れない理由があったら、対策を打つことを約束します。その後、今回のロスや損害の大きさを知らせ、ルールを守るように言います。
　次に、2つ目の質問をします。
　「標準は守っていた」
　その答えが、
　「守っていませんでした」
ということであれば、その理由は標準の不備にあるとし、7つの不備から選んでもらいます。そして、その不備に対策を打つことを約束し、
　「対策打つまで守りにくいかもしれないけど、これからは守ってね」
と言います。
　「守っていました」
という答えだったら、うっかりと判断します。
　もし、標準に不備がないにも関わらず守っていないのであれば、モラルの問題です。守る意味を説明し、守るように言います。

第8章 ポカミスゼロへのアプローチ

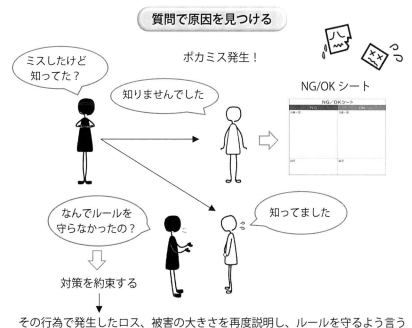

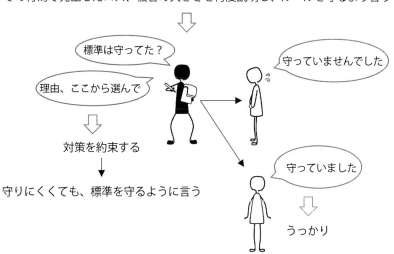

4 うっかりだったら

　うっかりと判断したら、
「うっかりしたのは、作業開始直後、それとも作業中」と聞きます。
　作業開始直後であれば、3つの質問と2つのチェックを行います。
　3つの質問では、作業中に誰かに声をかけられなかったか、誰に何で声をかけられたのか、作業を開始する前に点検をしたか、を明確にします。
　2つのチェックは、職場は雑然としていないか、作業者は現場を離れるとききちんと片づけをしているか、を現場に見に行きます。
　作業の中断理由が、声かけであれば、声かけ禁止にします。その際、声をかけられた理由も解決し、ルールを徹底します。
　作業前点検をしていないということがわかったら、実施を指示します。その際、現場チェックで片づけが行われていないということがわかっていたら、作業の中断、手待ちに入ったら、片づけをした後で現場から離れるように指示します。
　作業中であれば、6つの質問と3つのチェックをします。
　6つの質問では、長時間労働になっていないか、寝不足や体調不良でなかったか、個人的に急いでいなかったか、作業環境は悪くないか、作業がやりにくくはなかったか、生産に追われていなかったか、を明確にします。
　3つのチェックでは、職場は雑然としていないか、無理な生産計画になっていないか、ラインバランスは悪くないかを調べます。
　この6つの質問と3つのチェックで原因が浮かび上がってきます。そうしたら、その原因についてみんなの意見を聞き対策を立てます。
　9つの質問と5つのチェックは、うっかりの要因を見つける方法です。作業者は何度も聞かれているうちに、うっかりの要因を理解し、自分で見つけることができるようになります。

第8章　ポカミスゼロへのアプローチ

質問とチェックで要因を見つける

うっかりしたのは　作業開始直後？　それとも　作業中？

作業開始直後です　3つの質問と2つのチェック

Q1：作業中に誰かに話しかけられたの ─→ 声かけ禁止
Q2：誰に何で話しかけられたの
Q3：作業を始める前に点検した ─→ 作業前点検の実施
C1：職場は雑然としていないか ─→ 整理・整頓
C2：職場は片づけられているか ─→ 片づけの徹底

作業中です　6つの質問と3つのチェック ─→ 対策

Q1：長時間労働で疲れていなかった ─→ 自主的休憩
Q2：寝不足、体調不良でなかった ─→ 体調管理
Q3：個人的に急いでいなかった ─→ 都合管理
Q4：作業環境は悪くなかった ─→ 環境改善
Q5：作業はやりにくくなかった ─→ 作業改善
Q6：生産に追われていなかった ─→ C2,3の結果
C1：職場は雑然としていないか ─→ 整理・整頓
C2：生産計画に無理はないか ─→ 生産計画の見直し
C3：ラインバランスが悪くないか ─→ バランス改善

作業者は聞かれていくうちに、
　　　うっかりの要因を覚え、自分で見つけられるようになる

5 チェックシートによる共通認識

　ポカミス対策を進めて感じるのが、作業者の思いと管理・監督者の意識とのギャップです。また、工場全体で見ると職場間にも認識のギャップがあります。これらのギャップはチームエラーを引き起こし、手の打ちようがない状態にしてしまいます。

　それを解消するのが、チェックシートによる共通認識です。工場全体でポカミスをテーマとして共通認識を持ち、課題としてとらえ、全員でゼロにします。本アプローチの基本的な考え方は、**組織におけるコミュニケーションの促進**です。4つのステップで進めます。

1. 管理・監督者の認識
　管理・監督者で集まり、管理・監督者用チェックシート（添付）を用い、ポカミスに対する課題を明確にしていきます。チェックは個人で実施し、同じ課題を抱えている人数を集計し、管理・監督者共通の課題として認識します。

2. 作業者の思い
　職場単位で作業者用チェックシート（添付）を使い、作業者の思い、要望を明確にします。その際、出された思いや要望が個人の意見か全体の総意かを明確にし、全体の総意を職場への要望とします。

3. 職場の課題
　管理・監督者の認識と作業者の思いの差を明確にし、職場の課題とします。双方に差があった場合には、管理・監督者は可能な限り譲歩し、作業者の思い、要望を聞き、それを実現する努力をします。モラルアップの一環です。

4. 工場の課題
　各職場の課題を持ち寄り、工場全体の課題を明確にします。その際、他職場への要望も挙げ、話し合います。

　組織の問題、課題を解決するのに必要なのは、お互いの本音をぶつけ合うコミュニケーションです。

第8章　ポカミスゼロへのアプローチ

全体でコミュニケーションを取る

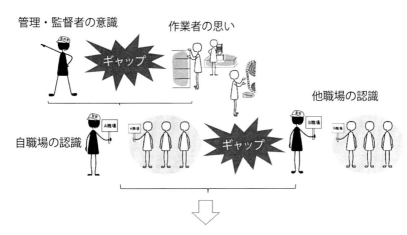

チェックシートによる共通認識

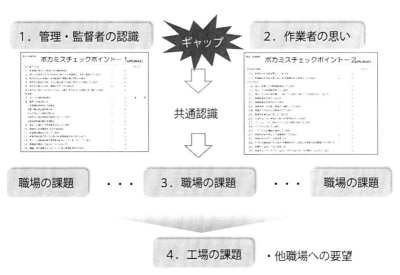

組織の問題・課題を解決するのに必要なのは、コミュニケーション

6 実践ポカミスゼロへのアプローチ

　ある自動組立工場では、ロスコストマネジメントという原価低減活動をしていました。そのロスコストワースト1は不良だったので、自社の生産形態から不良は設備起因と決めつけ設備改善ばかりしていました。しかし、思ったように不良が減りません。そこでポカミスの可能性を疑い、不良の分析をしてみました。そうすると、不良の約半分がポカミスとわかりました。

　そこで方向転換。全員でポカミス対策に取り組みました。

ステップ1　ポカミスの洗い出し

　ポカミス自己申請シートを活用し、現場で発生しているポカミスを洗い出しました。最初は、「本当に正直に出しても大丈夫」「怒られるんじゃない」と現場の抵抗がありましたが、それを説得し、どうにかほぼすべてと思われるポカミスを洗い出すことができました。

ステップ2　NG/OKシートの作成

　各ポカミスをロスコストでワースト20まで並べ、1位から順にNG/OKシートを作成し、朝礼を活用し教育しました。教育は作業者全員に一律に実施するのではなく、その作業に関わる人に限定して実施しました。

ステップ3　ビデオ標準の作成

　NG/OKシートをすべてのポカミスに対してつくり終わった後、作業者全員にビデオ標準のつくり方を教育し、得意な作業者を選抜しビデオ標準化しました。その結果、すべての作業が約半年でビデオ標準化できました。ビデオ標準により、それまで新人が出していたポカミスもなくなりました。

　この1年の活動で、ポカミスでのロスコストが76％減り、効果金額は5,239万円にもなりました。目標の80％が達成できなかった原因は、怒った上司にありました。ある部署で自己申請されたポカミスを見て上司が怒ったため活動が1年間停滞し、全体の足を引張ってしまいました。このことは、ポカミスを本当になくしたいなら上司の理解が必要だという教訓を残してくれました。

第8章 ポカミスゼロへのアプローチ

全員の努力で効果が出た

自動組立工場・原価低減活動

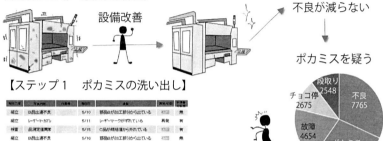

設備改善

不良が減らない
↓
ポカミスを疑う

段取り 2548
チョコ停 2675
不良 7765
故障 4654
ポカミス 6893

不良の約半分がポカミス

【ステップ1　ポカミスの洗い出し】

【ステップ2　NG/OKシート作成】

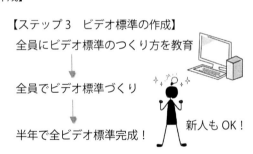

【ステップ3　ビデオ標準の作成】

全員にビデオ標準のつくり方を教育
↓
全員でビデオ標準づくり
↓
半年で全ビデオ標準完成！

新人もOK！

ロスコスト：76％減　→　目標未達　→　原因は：怒った上司

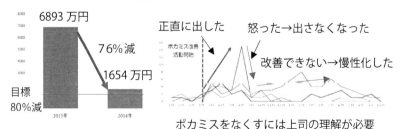

6893万円
76％減
1654万円
目標 80％減
2013年　2014年

正直に出した
怒った→出さなくなった
改善できない→慢性化した

ポカミスをなくすには上司の理解が必要

> コラム

ポカミスはゼロにできる

　ポカミスと戦ってきた10年。標準化から始まり、2Sの重要性を知り、NG/OKシートとビデオ標準で大きな効果を上げ、作業者思いの改善でうっかり退治し、ポカミスゼロへのアプローチが完成しました。

　そこに立ちはだかったのがモラルでした。当時、モラルに関する手法は日本にはなく、自分でつくることを決心し3年かけて完成しました。

　しかし、今度は落とし穴。上司の存在でした。尊敬される上司に関しては、たまたま14年前から取り組んでいました。過去のデータをまとめ直し、今の時代に合わせるため現場の人達にアンケート調査とインタビューを行い、短期間で尊敬できる監督者のテキストを追加しました。

　そして、また壁。検査ミス、入力ミス、判断ミスです。その壁をぶち破れる可能性を示してくれたのがAIでした。AIの登場でこれら3つのミスをなくせるめどが立ち、**ポカミスはゼロにできる**と確信しました。

　ポカミスは、従来の手法に**6つの手法**を加えることでゼロにできます。

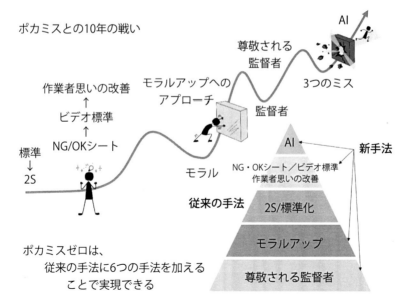

なぜなぜ分析はもういらない

1 なぜなぜ分析はもういらない

　ポカミスゼロへのアプローチを開発できたのは、従来の手法にとらわれず、どんどん新しい手法を開発していったからです。今、ポカミスなど慢性的なトラブルに悩まされている人は、従来の手法に固執しているのではと思います。1つの自分が信じている手法で効果が出ないと、やり方が悪いと考え、それを更に掘り下げ使い続け、結局効果が出ないという無限ループに入っています。

　著者の経験では、ダメな手法はダメでそれをどんなに磨いてもダメです。ですからある程度やってダメならあきらめ、新しい手法を見つけるか開発する方が良い結果を生みます。

　この従来の手法の中で一番止めた方が良いと思っている手法が、なぜなぜ分析です。

　私は、年に数回、なぜなぜ分析はもういらないというセミナーをしています。そこで驚くのが参加者の多さです。そして、みなさんからなぜなぜ分析がうまくできないという意見を聞くたびにこれは止めた方がいいと思いました。

　なぜなぜ分析とは、問題点の要因を論理的に追求する手法です。

　この章では、なぜなぜ分析がいらない5つの理由を説明し、代わる手法を紹介します。しかし、この章の目的は1つの手法を否定することではありません。ある1つの手法（やり方）で壁にぶつかっても、他の手法でその壁を乗り越えることができるという柔軟な思考を持って欲しいというのが目的です。柔軟な思考は目的本位であり、手法にこだわる方法本位とは一線を画します。柔軟な思考により、ポカミス以外でも現在抱えている悩みを解消し、最終目標を達成することができます。

第9章　なぜなぜ分析はもういらない

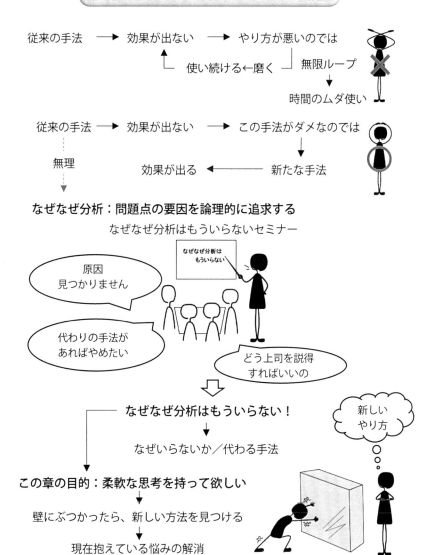

2 うまくいった人がいない

　なぜなぜ分析がいらない第1の理由は、今までうまくいった人がいないという事実（データ）です。

　セミナーに来たお客さまに

　「なぜなぜ分析で原因が見つかりましたか」

と聞きます。その結果は、すべての人が

　「いいえ」

でした。その数1,532人。年々増え続けています。

　その中には、

　「どうにかやめることはできないか」

　「どうやったら上司を説得できるか」

と悩んでいる方が多くいらっしゃいます。なんでそんなことで悩まなくてはならないのでしょう。

　25年前、著者もなぜなぜ分析を教えました。その当時、不具合現象、即、処置、という日本の現場においてなぜなぜ分析は画期的な手法でした。

　しかし、いくらやってもうまくいきません。そこで、自分のやり方に問題があるのではと思い、世の中のありとあらゆるやり方を勉強し何度もトライしましたが、うまくいきません。そこで、教えるのをやめました。

　海外でもコンサルティングをしています。海外には、数年前、Why-Why－Analysisという名称でなぜなぜ分析が伝わりました。しかし、私が知っている限り、今やっている会社は皆無です。海外では、効果が出ないと、即、止めます。海外でもうまくいかなかったようです。

　日本でも海外でもなぜなぜ分析がうまくいっている会社を著者は知りません。

第9章 なぜなぜ分析はもういらない

> うまくいった人、募集中！

なぜなぜ分析がいらないという第1の理由：うまくいった人がいない

今まで「なぜなぜ分析で問題が解決しましたか？」と問いかけ、
「はい！」と答えたお客さまが一人もいない

私もうまくいかなかった

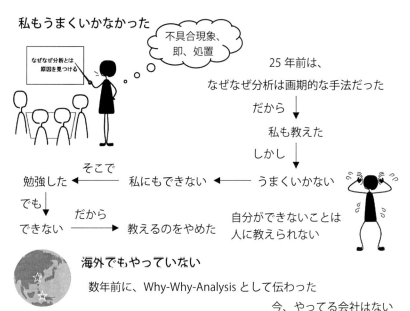

3 脳とコンピュータの原理・原則から考えてみました

　なぜうまくいかないか、脳とコンピュータの原理・原則からも考えてみました。

　人の脳は、コンピュータやインターネットと同じです。システム内にインプットされていない情報は、何度アクセスしても出てきません。人の脳も欲しい情報が入っていなければ、いくら考えても答えは出ません。ですから、なぜなぜ分析で今まで知らなかった原因を見つけることは不可能です。

　しかし、一度知ったからと言ってそれをすべて思い出せるかというと、そういかないのも人の脳です。これは、人の脳を模したディープラーニングの学習プロセスからわかります。

　ディープラーニングは、初めはあらゆるデータを無作為に受け入れます。それがあるレベルまで達するとシステム内に回路ができ、データの関連性を見つけ法則性を導き出し、次の質問からは法則性に従い判断するようになります。この法則性は、人で言うと経験則に当たります。ディープラーニングの学習プロセスは、たとえ脳の中に必要な情報があってもそれが経験則化されていないと役に立たないということを示しています。つまり、脳の中に情報があるだけではダメで、それを何度も何度も経験し、その中から経験則を導き出さなくては知識として活用できないということです。

　要するに、なぜなぜと問いかけて答えを得るには、膨大な経験とその中から導き出された経験則が必要だということです。ですから、ポカミスの原因をなぜなぜ分析で見つけることは、人の脳とコンピュータの原理・原則から考えても不可能です。これが、なぜなぜ分析では原因が見つからないとした科学的根拠であり、止めるべきとする第2の理由です。

第9章 なぜなぜ分析はもういらない

> 人の脳から考えてみました

人の脳は、コンピュータのデータベースと同じ

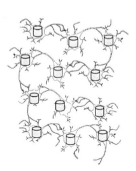

いくら「なぜなぜ」と考えても
経験していないことは出てこない

いくら考えても　　　　インプットされていない情報は、
知らないことは知らない　何度アクセスしても出てこない

ディープラーニングに見る経験則の重要性

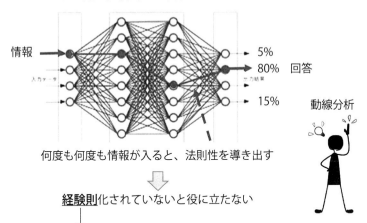

情報 → … → 5% / 80% 回答 / 15%　　動線分析

何度も何度も情報が入ると、法則性を導き出す

⇓

<u>経験則</u>化されていないと役に立たない

↓

ポカミスの場合 **要因と対策**

ポカミスをなくすには、要因と対策がわかっている必要がある
↓
ポカミスの原因をなぜなぜ分析で見つけるのは無理

4 なぜなぜ分析 VS ポカミスゼロへのアプローチ

　なぜなぜ分析はいらないと言うだけでは無責任です。そこでなぜなぜ分析に代わる手法として本誌でポカミスゼロへのアプローチ（新手法）を紹介しました。

　なぜなぜ分析と新手法を比較してみましょう。

　なぜなぜ分析するとき、初めは張り切ります。そのうち原因が見つからず、「ま、いいか」と言って自分が知っている原因をなぜなぜ分析風につくり上げます。これが現実です。やったことがある人なら誰もが経験したことだと思います。

　新手法では、まず要因を覚えます。そして、現場に行き、インタビューと現場観察から原因を推定します。そしてその原因に合った対策を20の対策から選択し打ちます。ポカミスがなくなれば、原因と対策が正しかったことになります。なくならなければ、原因の推定からやり直します。

　どちらの進め方が論理的、効率的だと思いますか。なぜなぜ分析に代わる手法がありますというのが3つ目の理由です。

　4つ目の理由は、なぜなぜ分析の弊害です。

　なぜなぜ分析で原因が見つからなければ、対策を打つことはできません。

　その間、現場ではロス、損害が出続けます。原因を見つけることに時間を使い、挙句の果てにロス、損害を出し続けるということは時間のムダ以外何ものでもありません。

　本来、原因追究の時間は必要最小限であるべきです。対策をすばやく打ちロス、損害を最小限に抑えるべきです。分析に時間を使い対策もできないというのが、なぜなぜ分析の弊害です。

第9章 なぜなぜ分析はもういらない

5 モノづくり現場に必要な論理的思考

なぜなぜ分析をさせる狙いには、論理的思考を身に付けさせようという意図もあるようです。しかし、これもやってみるとわかりますが無理です。

5つ目の理由は、なぜなぜ分析では論理的思考は身に付きません。

論理的思考とは、筋道だった考え方、思考の妥当性を証明する方法、物事の間にある関連を明確にする方法、そして誰もが納得するストーリーです。論理的思考を突き詰めていくと、**なぜ** ⇄ **だから**という関係を証明することになります。

ですから「なぜ、なぜ」と問いかけることは有効です。しかし、なぜなぜ分析では原因が見つからないのですから、論理的思考を進めることができません。そういった意味では、論理的思考とはすべての原因がわかったあと、その論理性を証明するための手法とも言えます。

それでは、現場の人達に論理的思考を身に付けさせるにはどうしたらいいでしょう。著者も、現場で論理的思考が必要と思い、手法を開発し、研修してみました。しかし、理解はできるが現場で実践できないという結果に終わりました。頭では覚えていても現場で使えないような手法では役に立ちません。その経験から改善手法の中に論理的思考を埋め込みました。

具体的には、手法をステップ方式にし、そのステップを進めていくことによって現場に必要な論理的思考が身に付けられるようにしました。

例えばポカミス対策で言えば、ルールを決めすべてのポカミスを顕在化し、それをロスコストに換算することにより対策の優先順位を決め、その順位に従い対策する。再発したら標準整備に移り、その後うっかり対策に進む。というステップを進めることにより、効果を実感しながら論理的思考を実践で身に付けられるようにしました。

第9章 なぜなぜ分析はもういらない

論理的思考は実践で身に付ける

論理的思考とは

1. 筋道だった考え方
2. 思考の妥当性を証明する方法
3. 物事の間にある関連を明確にする方法
4. 誰もが納得するストーリー

論理的思考をしようがない
　└ 原因がわからない ── なぜなぜ分析

「なぜ、なぜ」と問いかけることは有効

モノづくり現場に必要な論理的思考の身に付け方

机上はダメ ──▶ 現場で即使えるように実践で

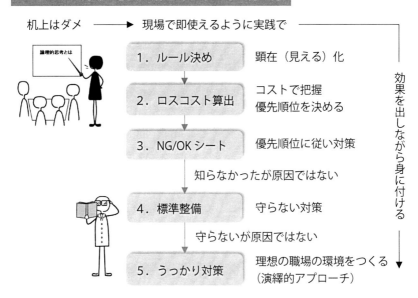

コラム

手法を身にまとう

　なぜなぜ分析に代わる手法は、ポカミスゼロへのアプローチだけではありません。不良に関しては、不良ゼロの9原則。異物に関しては、異物ゼロへのアプローチ。設備起因のトラブルをゼロにするには、原則整備へのアプローチと革新的予防保全へのアプローチ。手作業起因の不良に関しては、実践2Sへのアプローチ、標準整備へのアプローチ、段取り改善へのアプローチ、ビデオ標準作成へのアプローチ。キズに関しては、キズゼロへのアプローチとすべての手法をそろえました。

　これらの手法には、各要素別不良の要因と対策、基本的な考え方と進め方が書いてあり、誰でも学びながら進めるとその不良をゼロにできるようになっています。

　これらは、著者の28年間のコンサルティングにおける経験則集であり、自分でも使っています。これらを身にまとっていると、どんな工場に行っても最強です。その場で原因を見つけ、対策を提案し、効果を出します。

　ですから、少なくとも著者にはなぜなぜ分析はいりません。

索　　引

【英数字】

AI ……………………………………………………………… 136
AT/ST差ロス ………………………………………………… 48、50
KKD（勘・経験・度胸）…………………………………… 122
MBA …………………………………………………………… 112
NG/OKシート ……………………………………… 16、23、30
NG作業 ………………………………………………………… 30
OK作業 ………………………………………………………… 30
Why-Why-Analysis ………………………………………… 162
ZD（Zero Defect）………………………………………… 88
4つのモード ………………………………………………… 16

【あ】

明るさ管理 …………………………………………………… 76
アルゴリズム ……………………………………………… 138
アンダーマイニング効果 ………………………………… 112
稲盛和夫 ……………………………………………………… 3
うっかり …………………………………… 16、62、64、68、72
エキスパートシステム …………………………………… 136
温湿度管理 …………………………………………………… 76

【か】

海音寺潮五郎 ……………………………………………… 120
学習効果 ……………………………………………………… 42
キックオフ …………………………………………………… 98
金銭的報酬 ………………………………………………… 112
計画的人材育成 ……………………………………………… 54
決定木システム …………………………………………… 142
限界作業 ……………………………………………………… 16

言語報酬……………………………………………………… 104
顕在化………………………………………………… 24、26
基本作業（モデル作業）……………………………………… 42
決まりきった対策……………………………………………… 18
公式組織………………………………………………………108
個別休憩………………………………………………………… 70

【さ】
西郷隆盛………………………………………………………120
作業時間／品質評価マトリックス…………………………… 46
自己申請シート………………………………………………… 26
自主休憩………………………………………………………… 70
知らなかった………………………………………… 16、24
シンクロ現象…………………………………………………… 20
スキナーの罰を与えるマイナス効果…………………………106
スモールステップの原理………………………………………100
正当性バイアス………………………………………………… 20
セグリマンの学習性無力感……………………………………102
潜在化…………………………………………………………… 24
全体休憩………………………………………………………… 70
騒音管理………………………………………………………… 76
率先垂範………………………………………………………… 96

【た】
チームエラー…………………………………………………… 58
都合管理………………………………………………………… 74
都度休憩………………………………………………………… 70
ディープラーニング………………………………… 136、164
動機付け………………………………………………………… 94
登録済みパーツ………………………………………………… 138
特徴パーツ…………………………………………………… 138

172

【な】

なぜなぜ分析……………………………………………………… 160
ナポレオン………………………………………………………… 116
認知行動療法研修開発センター ………………………………… 104

【は】

バーナードの組織論 ……………………………………………… 108
バンデューラの自己効力感……………………………………… 102
非公式組織………………………………………………………… 108
ビデオ標準…………………………………………………… 48，52
標準作業者………………………………………………………… 46
標準の不備………………………………………………………… 46
フィルター………………………………………………………… 138
プラトー現象（高原状態）……………………………………… 108
ポカミスの要因…………………………………………………… 16

【ま】

マズローの5つの欲求 …………………………………………… 94
松下幸之助…………………………………………………… 3、128
メイヨーの人間関係論……………………………………… 90，96
メイヨーのホーソン実験………………………………………… 128
モラル（行動規範）……………………………………………… 90
モラルマネジメント……………………………………………… 94

【ら】

ルールを守らない………………………………………… 16、38
レヴィンの集団力学 ……………………………………………… 108
レコメンドシステム……………………………………………… 142
ロスコスト………………………………………………………… 24
ロック、レイサムの目標設定理論……………………………… 100

【わ】

ワークショップ…………………………………………………… 108

173

参考文献

【第5章　モラルアップへのアプローチ】
【第6章　尊敬される上司になる】

A.H.マズロー／小口忠彦（訳）『人間性の心理学　モチベーションとパーソナリティ』産業能率大学出版部（1987）

経営学史学会監修／吉原正彦（編著）『経営学史叢書Ⅲ　メイヨー＝レスリスバーガー　－人間関係論－』文眞堂（2013）

C.I.バーナード／山本安次郎・田杉競・飯野春樹（訳）『新訳　経営者の役割』ダイヤモンド社（1968）

海音寺潮五郎『西郷と大久保』新潮文庫（1973）

松下幸之助『指導者の条件』PHP研究所（2006）

稲盛和夫『稲盛和夫の経営問答　従業員をやる気にさせる7つのカギ』日本経済新聞出版社（2014）

一般社団法人モチベーション・マネジメント協会（編）『人を活かし成果を上げる実践モチベーション・マネジメント』PHP研究所（2013）

【第7章　AIを駆使したポカミス対策】
多田智史著、石井一夫監修「あたらしい人工知能の教科書」翔泳社（2016）

添付シート

ポカミス	NG／OKシート	年 月 日 No.
製品名		作業名
不良名		

NG	OK
【発生した不良の写真・図】	【OK作業】どうすればミスがなくなるか
【作業の流れ】	
	【良品の写真・図】
【NG作業】	
	【将来的には】

ポカミスチェックシート（管理・監督者用①）

　　　　　　　　　　　　　　　　　　　　　　　　　個人　　グループ

【知らなかった】

1. 作業者は、ポカミスを出したという自覚はあるか　　□　　　人
2. ポカミスが出たとき、NG／OKシートをつくって
   教育しているか　　　　　　　　　　　　　　　　　□　　　人
3. ポカミスを出したとき、ラインを止めさせているか
   もしくはオフライン排出させているか　　　　　　　□　　　人
4. ポカミスを出したとき、その場で修理させていないか　□　　　人
5. ポカミスをロスコストでとらえ、損害を把握しているか
   それを作業者に説明しているか　　　　　　　　　　□　　　人

【ルールを守らない】

6. 作業者は、作業標準を守っているか　　　　　　　　□　　　人
7. すべての標準があるか　　　　　　　　　　　　　　□　　　人
8. 標準に不備はないか　　　　　　　　　　　　　　　□　　　人
   ①守る意味を説明してあるか　　　　　　　　　　　□　　　人
   ②あいまいな規格になってないか　　　　　　　　　□　　　人
   ③わかりにくい表現がないか　　　　　　　　　　　□　　　人
   ④不要な作業が入っていないか　　　　　　　　　　□　　　人
   ⑤必要な作業が抜けていないか　　　　　　　　　　□　　　人
   ⑥ポカミスを出す動作が明確になっているか　　　　□　　　人
   ⑦やりにくい作業が改善されないまま入っていないか　□　　　人
9. 教育・訓練にビデオ標準を活用しているか　　　　　□　　　人
10. 作業が自己流になっていないか　　　　　　　　　□　　　人
11. 作業者のモラルは高いか　　　　　　　　　　　　□　　　人
12. 現場を作業者に任せ切りにしていないか　　　　　□　　　人

ポカミスチェックシート（管理・監督者用②）

【うっかり】　　　　　　　　　　　　　　　　　　　個人　　グループ

13. 個人、作業ごとの休憩を設定しているか　　　　　□　　　　人
14. 個人ごとの体調管理をしているか　　　　　　　　□　　　　人
15. 個人ごとの都合を把握し、対処しているか　　　　□　　　　人
16. 環境改善（温湿度、明るさ、騒音）しているか　　□　　　　人
17. 作業エリアの2Sは徹底されているか　　　　　　　□　　　　人
18. 無理な生産計画になっていないか　　　　　　　　□　　　　人
19. ライン内、ライン間のバランスロスは解消しているか　□　　人
20. 作業中、私語、声かけはないか　　　　　　　　　□　　　　人
21. 片づけは徹底されているか
　　作業者がやりっぱなしの状態で現場を離れていないか　□　　人
22. 作業前の事前チェックは徹底されているか　　　　□　　　　人

【限界作業】

23. 検査ミスはないか　　　　　　　　　　　　　　　□　　　　人
24. 未入力、まとめ入力、入力ミスはないか　　　　　□　　　　人
25. 判断ミスはないか　　　　　　　　　　　　　　　□　　　　人
　　それはどういうときか　　　　　　　　　　　　（　　　　　）
26. AIの導入は検討されているか　　　　　　　　　　□　　　　人

```
┌─────────────────────────────────────┐
│ 結果                                │
│                                     │
│                                     │
│                                     │
│                                     │
└─────────────────────────────────────┘
```

ポカミスチェックシート（作業者用①）

	個人	グループ
【知らなかった】		
1. ポカミスを出している自覚はあるか	☐	人
2. ポカミスを出した作業がわかるか	☐	人
3. ポカミスを出した理由がわかるか	☐	人
4. ポカミスを出したとき、そのまま流したことがあるか	☐	人
5. ポカミスを出した後、修理して流したことがあるか	☐	人
6. ポカミスのロス、損害を知っているか	☐	人
【ルールを守らない】		
7. 標準を守っているか	☐	人
8. すべての標準があるか	☐	人
9. 標準に不備はないか	☐	人
①守る意味が説明されているか	☐	人
②あいまいな規格になってないか	☐	人
③わかりにくい表現はないか	☐	人
④不要な作業が入っていないか	☐	人
⑤必要な作業が抜けていないか	☐	人
⑥ポカミスを出す動作が明確になっているか	☐	人
⑦やりにくい作業が改善されないまま入っていないか	☐	人
10. 教育・訓練を納得いくまできちんとしてくれたか	☐	人
11. 作業が自己流になっていないか	☐	人
12. 自分はやる気があると思うか	☐	人
13. 現場は任せ切りにされていないか	☐	人

ポカミスチェックシート（作業者用②）

【うっかり】　　　　　　　　　　　　　　　　　　　個人　グループ

14. 作業時間を長いと感じたことはないか　　　　　　□　　　人

15. 寝不足、体調不良で作業をしたことはないか　　　□　　　人

16. 個人ごとの都合であせって作業をしたことはないか　□　　　人

17. 環境改善（温湿度、明るさ、騒音）に不満はないか　□　　　人
　　それは何か　　　　　　　　　　　　　　　　　　（　　　　）

18. 作業エリアの2Sをしているか　　　　　　　　　　□　　　人

19. 常に生産に追われているという感じはないか　　　□　　　人

20. 無理な生産計画だと思ったことはないか　　　　　□　　　人

21. ライン内、ライン間のバランスは取れていると思うか　□　　　人

22. 作業中、私語、声かけはないか　　　　　　　　　□　　　人
　　誰に私語が目立つか、誰が声をかけてくるか　　（　　　　）

23. 片づけはきちんとしているか
　　やりっぱなしの状態で現場を離れていないか　　　□　　　人

24. 作業前の事前チェックはちゃんとやっているか　　□　　　人

【限界作業】

25. 検査ミスをしたことはないか　　　　　　　　　　□　　　人

26. 未入力、まとめ入力、入力ミスをしたことはないか　□　　　人
　　それはなぜか　　　　　　　　　　　　　　　　（　　　　）

27. 判断ミスをしたことはないか　　　　　　　　　　□　　　人
　　それはどういうときか　　　　　　　　　　　　（　　　　）

```
結果


```

モラルレベル評価（キックオフ・セミナー）

| 評価対象： | 役職： | 入社年数： |

Positive ←———|———|———|———|———|———|———|———|———|———|———→ **Negative**
　　10　　　　　　　　　　　　　　0　　　　　　　　　　　　　　-10

集合
- ☐ 5分前に来る
- ☐ ギリギリに来る
- ☐ 遅れて来る

あいさつ
- ☐ 前を見て大きな声
- ☐ 恥ずかしがりながらやる
- ☐ だらだら
- ☐ 理由を聞く
- ☐ やらない

セミナー中
- ☐ メモを取る
- ☐ うなづく
- ☐ ただ聞いている
- ☐ ペンをまわす
- ☐ ガムを噛んでいる
- ☐ 斜に構える

返事
- ☐ はっきりと返事をする
- ☐ 返事が小さい
- ☐ 返事をしない

注意されると
- ☐ 「はい。すみません」と答える
- ☐ 注意されたことを否定する
- ☐ 答えない

感想
- ☐ 胸を打つ
- ☐ ありきたり
- ☐ 疲れたという

決意表明
- ☐ 前向き
- ☐ ありきたり

懇親会
- ☐ 来る
- ☐ 来ない

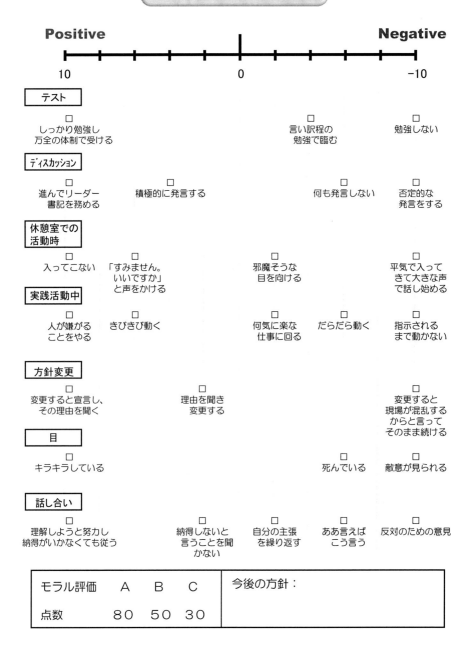

〈著者紹介〉

中崎　勝（なかざき　まさる）
株式会社ロンド・アプリウェアサービス　代表取締役社長

1981年慶應義塾大学工学部計測工学科卒業後、株式会社ブリヂストン入社。生産技術業務に従事する。87年日本デジタルイクイップメント株式会社に入社し、システムエンジニアリング業務に携わる。92年ロンド・アプリウェアサービスを設立。
TPM、QC、IEのコンサルティングを経て、ものづくり現場の問題・課題をスピーディーかつ確実に解決する手法（ツール群）を自ら開発。現在までに海外も含め48社6団体（財団・協会）でコンサルティングを実施。本誌は従来の手法ではなくならないポカミスに対し、実際になくした経験から26の要因を見つけ出し、それに対する対策を紹介するものである。

ポカミス「ゼロ」徹底対策ガイド
モラルアップとAIですぐできる、すぐ変わる　　　NDC509.6

2018年3月30日　初版1刷発行　　　　定価はカバーに表示されております。
2025年2月21日　初版14刷発行

　　　　　　　　　　　　　Ⓒ著　者　中　崎　　勝
　　　　　　　　　　　　　　発行者　井　水　治　博
　　　　　　　　　　　　　　発行所　日刊工業新聞社
　　　　　　　　　　〒103-8548　東京都中央区日本橋小網町14-1
　　　　　　　　　　電話　書籍編集部　03-5644-7490
　　　　　　　　　　　　　販売・管理部　03-5644-7403
　　　　　　　　　　　　　FAX　　　　　03-5644-7400
　　　　　　　　　　振替口座　00190-2-186076
　　　　　　　　　　URL　　https://pub.nikkan.co.jp/
　　　　　　　　　　e-mail　info_shuppan@nikkan.tech
　　　　　　　　　　製作　　㈱日刊工業出版プロダクション
　　　　　　　　　　印刷・製本　新日本印刷㈱（POD9）

落丁・乱丁本はお取り替えいたします。　　　2018　Printed in Japan
　　　　　　ISBN 978-4-526-07833-0　C3034

本書の無断複写は、著作権法上の例外を除き、禁じられています。

● 日刊工業新聞社の好評書籍 ●

やりたくなる5S新書

中崎 勝 著
定価(本体2,000円+税)　　ISBN978-4-526-07521-6

「すぐ効果が出る」「活動が定着しやすい」「どこでも適用できる普遍性」＝やりたくなる5S活動の進め方を、定型でわかりやすく図解。職場スタッフの心情を慮った教え方・管理の仕方と同時に、自らで構築できるIoTテクノロジーを用いた仕組み化法を紹介。新しい5S活動推進の切り口を体得することで、やる気になる・元気になる現場づくりを実現するリーダー必読の書とする。

エンジニアリング・チェーン・マネジメント
IoTで設計開発革新

日野三十四 著
定価(本体2,400円+税)　　ISBN978-4-526-07736-4

SCMを最大限機能させるため、上流のエンジニアリング・チェーン・マネジメント・システム（ECSs）を整備し、「売れる製品の図面を、最少資源で、最短で」アウトプットするシステムを構築する方法を唱える。テンプレートを中心に展開する図解本とし、各社の製品仕様情報を雛形に流し込めばECMsができ上がるように構成。グローバル大競争時代を日本企業が勝ち切る処方箋を示す。

誰も教えてくれない「工場の損益管理」の疑問
そのカイゼン活動で儲けが出ていますか？

本間峰一 著
定価(本体1,800円+税)　　ISBN978-4-526-07549-0

工場が改善活動や原価管理をいくら徹底しても会社全体としては儲からず、給与が増えないのはなぜか。棚卸や配賦、償却など工場関係者が日常ほとんど使わない会計の最低限の知識を噛み砕いて伝え、企業トータルで儲けが出る工場の損益管理の方法を指南する。経理部門とのやりとりをはじめ、製造直接／間接部門の管理職が身につけておきたい損益管理の疑問に答える。